125
ライブラリー
₀₀5

英語史で解きほぐす
英語の誤解

納得して英語を学ぶために

堀田隆一
Ryuichi Hotta

中央大学出版部

はしがき

　本書は，英語の歴史を概観することを通じて英語にまつわる数々の誤解，俗説，神話を解きほぐし，歴史の理解に基づく英語観を築くための一助となることを目指している。具体的な目標としては以下の三つを掲げる。

1. 受動的ではなく能動的に英語に向かい合うことができるように促す。
2. 英語に関する素朴な疑問を取り上げ，英語への好奇心を喚起する。
3. 英語の歴史の重みと深みを通じて，言語の不思議と魅力へ誘う。

　現在，日本で「なぜ英語を勉強するのか」と人々に問えば，様々な答えが返ってくるだろう。世界中の人々とコミュニケーションをとるため，よい企業に就職するため，留学するため，海外旅行のため，字幕なしで洋画を見るため，習得しておかないと周囲に遅れをとるため，話せると格好がよいから，はたまた大学生にあっては（英文科の学生ですら！）単位取得のために，というものまである。多くの日本人にとって，こうした種々の目的意識が英語学習の動機づけになっている。

　しかし，このような目的意識の背後には大きな前提が一つすっかり忘れられている。英語が現代世界で重要な言語であることは誰もが了解しているが，どのような根拠に基づいて了解しているのかと問うと，答えははなはだ心許ない。英語は世界中で通用するではないか，重要に決まっているではないか，などという答え

が返ってくるかもしれない。だが，なぜ英語は世界中で通用するようになったのか。いや，そもそも英語が世界中で通用するという前提はどこまで信頼してよいのか。学生時代にバックパッカーとして世界50カ国以上を歩いた筆者は，しばしばこの前提が事実と一致しないことを肌身に染みて知っている。英語で用を足せない国の，いかに多かったことか（もっとも，それは15年も前の経験であり，事情は随分と変わりつつあるだろう）。多くの英語学習者はこの前提を問わないままに，周囲のみなが重要視しているからという理由で英語を学んできたのではないだろうか。しかし，英語が重要であるという主張の根拠を理解して初めて，英語学習の意義も納得できるはずではないか。

　考えられる根拠の一つとして「英語は国際コミュニケーションに最も役立つ共通語である」という主張がある。確かに現時点では，英語が国際コミュニケーションの目的に照らして最も有効な言語であることは事実だろう。しかし，世界人口およそ60億人のうち何割ほどが英語を話すことができるかについて，明確に答えられる英語学習者ははたしてどれだけいるだろうか。同様に，英語を母語とする話者は一体どのくらいいるのか，という問いについてはどうだろうか。このような問いが明示的に話題になることはあまりないのが現状である。英語学習者の多くは，世界における英語の位置づけについて，正直のところあまりよく知らないのである。しかし，無理もない。このような事実は学校で教わらないし，社会でも話題にされない。ここに，英語習得という一大目標を掲げて盲進する日本人の姿が浮かび上がってくる。目指しているターゲットの実体をよく知らないのだから，的を外す可能性が高い。対象の実体を知らない限り，その学習に確かな方向を

与えることはできないはずである。

　誰もが知っている通り，英語に限らず語学の学習は相当の時間と資金とエネルギーを要する。また，ある程度習得したとしても，その実力を維持するためには不当とも思えるほどの時間と資金とエネルギーが再び必要となる。このような大事業においては，相当に強い動機づけに支えられていない限り成功を望むことはできない。だからこそ，表面的ではなく確かな事実に裏付けられた英語の重要性の理解が必要なのではないか。英語を学ぶことが大切だと心底から思えばこそ，地道な単語暗記にも耐えられるというものである。逆に，もし自分にとって人がいうほど英語は重要でないと事実に基づいて判断するに至れば，学習を続けるには当たらないとすら筆者は考える。本書の第1の目標は，個々の英語学習者が確かな動機づけのもとで英語に能動的に向かい合うことができるように，主に歴史的な視点から英語についての事実を提供し，英語にまつわる誤解，俗説，神話を解くことである。

　本書の第2の目標は，英語の歴史的な発展を追うことで，これまで漠然と不思議だと思ってきた英語に関する数々の素朴な疑問に解答を与えることである。何年も英語を学んでいると，学び始めの頃に抱いていたような素朴な疑問が忘れ去られていることが多い。あるいは，最初から前提として受け入れており，疑問を抱きすらしなかった事項も多いかもしれない。筆者が大学の授業で学生から回収した「英語の素朴な疑問」のリストから，いくつかを抜き出してみよう。
- 英語はラテン語とどのような関係にあるか。
- 英語はドイツ語とどのような関係にあるか。
- なぜ英語には *give up* = *surrender* のような類義語や代替表現が多

いのか。
- なぜ動詞の3単現に -s がつくのか。
- なぜ英語は SVO など語順が厳しく決まっているのか。
- なぜ英語にはフランス語などのように名詞に文法上の性の区別がないのか。
- なぜ A を「ア」ではなく「エイ」と発音するのか。
- なぜ knight に読まない〈k〉や〈gh〉があるのか。
- なぜイギリス英語とアメリカ英語では発音や語法の異なるものがあるのか。
- なぜ英語は世界語となったのか。

　本来，このような素朴な疑問は純粋な知的好奇心からわき出るものであり，学習や教育では大切にされなければならない。ところが，しばしばこうした疑問は一笑に付されるか脇に置かれるかされ，そんなことを質問する前に重要事項を暗記しなさいと言われるのが関の山である。確かに語学学習においてこうした疑問点をすべて潰してゆこうとすれば，習得はおぼつかないのかもしれない。言語には文法という規則は確かにあるが，最終的には理屈ではないのだという前提のもとに「とりあえず暗記せよ」が金科玉条となっている。

　しかし，語学ではこの種の素朴な疑問が止めどなく生じるものである。とりわけ英語は日本語との言語的な隔たりが大きいし，本書で明らかになるように，迂余曲折の歴史を経てきたため，疑問がわき出したら止まらない言語といってよい。純粋な知的好奇心が満たされうる機会の多い言語であるから，これを学習の動機づけに利用しない手はない。上述の通り，語学学習は少なからぬ

犠牲を伴う投資である以上，コミュニケーションの道具として学ぶだけでは割に合わないと考えるべきである。「毒を食らわば皿までも」というが，せっかく英語を学ぶからにはその背景にある歴史文化を吸収し，教養として活かすというぐらいまでの見返りを得なければ，学び損に近い。

　素朴な疑問を解決しようと英語の歴史をひもといてみると，その副作用として英語への愛着が増すという効果もある。英語は現在でこそ世界語と称される一級の言語となったが，たどってきた歴史を振り返ると何とも壮大な紆余曲折のドラマを経験してきたことがわかる。このドラマに魅せられると，現代世界で果たしている英語の役割いかんを問わず，英語が愛すべき言語に見えてくる。事実，英語の歴史に触れることで，語学としての英語に自信をなくしていた学習者がやる気を再燃させたという事例も知っている。どうやら英語史には「英語疲れ」を癒す力があるようだ。

　本書の第3の目標は，実用的に英語を学んでいるだけでは得られない言葉の奥深さを味わってもらうことである。英語に限らず，言語の背景にはそれを用いてきた人々の歴史がある。このことを理解すると，英語であれ日本語であれ言語のもつ重みと深みが自然と意識され，今自分の発している一語一語もまた重みと深みを帯びているのだと気づく。これは人の発する一語一語を重んじる気持ちにもつながるだろう。情報化の波で言葉の役割が日に日に増している現代社会にあって，英語という1言語の辿った道筋を学ぶことは，英語のみならず母語の尊重にもつながるはずである。そして，言語を尊重すれば，その不思議と魅力にもいっそう気づくことができるのである。

　本書では，上記の三つの目標を掲げ，学校でも社会でも教わら

ない英語についての事実を示し，英語について多く語られる誤解を解きほぐすことを通じて，英語というターゲットに歴史的に迫る。まずは敵の経歴を知るべし，である。本書の構成としては，序章で人々が英語を学ぶ理由について考える。次に10個の打破すべき英語にまつわる誤解を選び出し，それぞれを各章に割り当て，英語史の記述とともに解きほぐしてゆく。本書の読了後に，読者がこれまでの英語観を転換させ，英語への愛着を増し，能動的に英語に臨むことができるようになることを願う。

著　　者

目次

はしがき.. i

序章 なぜ人々は英語を学ぶのか............ 001

第1章 「英語は世界共通語である」.......... 011
　第1節 話者数で見る英語の実力............ 012
　第2節 一枚岩でない英語.................. 019
　第3節 様々な英語話者.................... 024
　第4節 英語は誰のものか.................. 028

第2章 「英語は昔から変化していない」...... 033
　第1節 変化しない言語はない.............. 034
　第2節 英語史の時代区分.................. 036
　第3節 現代英語の特徴.................... 037
　第4節 古英語の特徴...................... 041
　第5節 なぜここまで変化したのか.......... 042

第3章 「英語はラテン語から派生した」...... 045
　第1節 英語とヨーロッパ諸言語の関係...... 046
　第2節 印欧語族の解明.................... 047
　第3節 ゲルマン語派...................... 052
　第4節 系統と影響........................ 056

第4章 「英語は純粋な言語である」...... 059
- 第1節 言語の純粋さ 060
- 第2節 英語の雑種性 063
- 第3節 征服の歴史 064
- 第4節 多層の語彙 077

第5章 「英語は易しい言語である」...... 083
- 第1節 英語の難易度 084
- 第2節 古英語の性・数・格 085
- 第3節 古英語の屈折と語順 089
- 第4節 なぜ屈折が衰退したか 094

第6章 「英語は日本語と比べて文字体系が単純である」...... 101
- 第1節 英語のアルファベット 102
- 第2節 綴り字と発音の乖離 104
- 第3節 古英語の文字と発音 108
- 第4節 1対1がなぜ崩れてゆくか 110
- 第5節 大母音推移 119

第7章 「英文法は固定している」...... 125
- 第1節 現代英文法の規則 126
- 第2節 規範文法の成立 130
- 第3節 文法は変わる 137

第8章 「イギリス英語とアメリカ英語は大きく異なっている」…… 139
- 第1節 英語の英米差 …… 140
- 第2節 アメリカ英語の発展 …… 143
- 第3節 アメリカ英語の連続性 …… 147
- 第4節 英語のアメリカ化 …… 153

第9章 「英語は簡単だから世界共通語になった」…… 157
- 第1節 世界語の条件 …… 158
- 第2節 イギリスとアメリカのバトンリレー …… 161
- 第3節 英語成功物語？ …… 167

第10章 「英語はもはや変化しない」…… 171
- 第1節 英語の役割の変化 …… 172
- 第2節 英語の多様化 …… 173
- 第3節 世界標準英語の兆し …… 177
- 第4節 遠心力と求心力 …… 180
- 第5節 言語交代 …… 183

おわりに …… 189

文献案内 …… 191
索引 …… 193

序章

なぜ人々は
英語を学ぶのか

英語は現代世界で最も広く学ばれている言語である。本書を手に取っている読者も英語の学習者の1人と思われるが，なぜ世界中のそれほど多くの人々が英語を学んでいるのだろうか。英語学習者であれば誰もがおよそ気づいている通り，語学の習得には動機づけが肝心である。動機が明確でなければ語学はなかなか上達しない。学習者の各々が自らの英語学習の動機を認識することが重要だが，そもそもどのような動機づけがありうるのだろうか。世の中の英語学習者はみなどのような動機づけ，理由，目的をもって英語を学んでいるのだろうか。

　世界中の人々の学習動機は，おそらく読者が予想する以上に多種多様である。多くの日本人にとって英語を学ぶ理由というのは一見すると自明のように思えるかもしれないが，世界に目を移せば人々が英語を学ぶ理由は実に多岐にわたる。人々が英語を学ぶ理由・目的は，以下の7項目にまとめられるだろう。❶実用的な理由，❷国際経済的な理由，❸知的な理由，❹娯楽的な理由，❺利益・権威を得る目的，❻歴史的な理由，❼国内政治的な理由。

❶ 実用的な理由

　この理由は，多くの学習者にとって最初に思い浮かぶ理由だろう。平たくいえば「国際コミュニケーションのため」という理由である。海外旅行や異なる言語をもつ話者どうしのコミュニケーションなど複数の国や言語に関わる行動であれば，およそ英語が関わってくる可能性が高い。また，このような個人レベルの実用性を反映した動機づけだけではなく，より社会的な実用性を反映した国際会議，国際交通（航空，航海，鉄道など），国際警察，国際緊急連絡システムなどの領域で英語が使われる現状によっても世の中の英語学習は推進されている。

例えば，国際連合とその下部組織において英語が事実上の作業言語となっている。その他の多くの国際機関でも，そして英語を主要言語とする国が加盟していないような国際機関においてすら，英語が公的な言語として使用されており，議事録や報告書が英語で作成されている。1995-96年のやや古い統計だが，世界の国際機関の85％が英語を少なくとも公用語の一つとして用いており，英語を唯一の公用語としている機関を数えると全体の3分の1に達するという。*Euro-* と名の付く国際機関に限るとほぼすべてが英語を公用語の一つとして掲げており，アジア・太平洋地域に本拠を置く国際機関に限っても9割までが英語を公用語として使用している。国際政治の場でもしばしば英語がデフォルトの言語である。国際世論に訴えかける政治デモで人々がプラカードに記す文言は英語であることが多い。有名な例としては，かつてインドにおける反英語使用のデモで "Death to English"（英語に死を）と英語で書かれたプラカードが掲げられていたという皮肉なケースがあった。国際交通の領域では，航空のための共通コード Airspeak や航海のための共通コード Seaspeak など特殊用途の言語が，英語に基づいて整備されてきている。

❷ 国際経済的な理由

　この理由は，特にアメリカの経済力を背景に国際ビジネスを手がける多国籍企業，観光業，広告業などが競って英語力を身につけようとしている状況に対応する。日本では，2010年に楽天やユニクロが英語を社内の公用語として採用する方針を発表したことが話題になった。日本企業ではなく世界企業を目指す方針を明確化した思い切った取り組みとして賛否両論に解されているが，国際的な会議や発表の機会の多い企業にとっては英語をどう見る

かという問題は切実な問題だろう。

❸ 知的な理由

　これは，科学・技術・学問の言語として，情報を獲得する手段として英語を学びたいという欲求に対応する。西洋の文学，哲学，文化，宗教などを学ぼうとする際に，英語がその入り口の役割を果たすということも多くなってきている。これは，西洋で1000年以上にわたり学術の言語としてラテン語が果たしてきた役割と比較されよう。知識の源泉としての学術，教育，出版，メディア，放送，通信の分野でも急ピッチに英語化が進んでいる。

　国際学会の公用語が英語である確率が高いのは一般の国際会議の場合と同様である。学会誌を含めた学術雑誌全般でも執筆言語は英語が圧倒している。分野によっても異なるが，特に物理学や化学などの自然科学では英語使用が著しく，例えばヨーロッパでは 8-9 割以上もの占有率を示す。教育においても，英語を必須外国語としてカリキュラムに含む国が増加しているだけではなく，多くの国の高等教育において英語で授業がなされる風景も普通になってきた。1990年代初期のヨーロッパの調査では，最も広く学ばれている外国語は英語（60.3%）で，第 2 位のフランス語（30.4%）を大きく引き離している。この背景には，世界中の留学生が相互に行き交う機会が増えてきたということもあるだろう。新聞，雑誌，書籍，テレビ，ラジオ，衛星放送などの出版・メディア業界でも英語の存在感は大きい。これらの分野のサービスには地域密着性の高いものも多いので必ずしも英語の浸透率が目立つわけではないが，世界に影響力のある新聞に英語のものが多いこと（*The New York Times, The Washington Post, The Wall Street Journal, The Times, The Sunday Times*）や世界 4 大通信社のうちの三つ（AP, UPI,

Reuters）が英語通信社であることなどから，他も推して知るべしである。

現在，人類の知識の最大の貯蔵庫となりつつあるのはインターネットや電子メールに代表される電子情報である。1990年代半ばにはウェブ上の電子情報の8割以上が英語で格納されていたといわれる。しかし，主にアメリカ発信のウェブ関連技術やハードウェアが世界中に行き渡るにつれてウェブ上に各言語が出現し始め，相対的に英語のシェアは落ちてきているというのが事実である。とはいえ，公的機関や企業のホームページに外国語版がある場合には，それは英語であることが圧倒的に多い。シェア減少の一方で，国際言語としての英語の役割は依然として大きい。以上の各種マスメディアが世界の知識への窓口として機能していることを考えると，英語の果たしている知的な役割は大きいといえる。

❹ 娯楽的な理由

この理由は，ポップ，映画，衛星放送，パソコン，テレビゲームなどの大衆娯楽と英語が強く結びついていることと関係する。ポルノ，薬物などのサブカルチャーもこれに準ずるだろう。1990年代のポップに関する調査では，ポップグループの99%，ソロ歌手の95%が母語にかかわらず英語で歌っていたという。2002年の映画に関する調査では，長編特作映画の8割が英語の映画だった。大衆映画界で影響力のあるハリウッドやアカデミー賞も英語と結びついている。

❺ 利益・権威を得る目的

この目的は，英語を習得することによってより高い社会的な地位や職業，また経済的な見返りが得られるという期待に基づいて

いる。「就職のために英検○級やTOEIC○○○点を取得する」であるとか「英語留学で履歴書に箔をつける」などがこれに相当する。日本の大学などの教育機関でも外部の英語検定によって卒業単位の一部を満たすことができるようになってきているが，これも英語学習の動機づけの一種と考えてよいだろう。

　多くの日本人にとって上記5項目の理由・目的が主たるものだろう。筆者が実際に行なった大学生へのアンケート結果によると，特に1, 3, 4, 5の回答が多い。他には，英語は格好よいから，発音の響きがよいから，論理的に明断な言語だからといった回答も多く「英語に対する愛着や信頼」という別の項目を設けてもよさそうである。いずれも主観的な英語観ではあるが，英語に対するこのような親近感や信頼感が多くの学習者にとって英語学習の一定の動機づけになっていることは確かであり，なぜそれが広く共有されているのかを探ることは現代の英語文化を考える上で興味深いテーマかもしれない。

　英語学習の理由・目的として挙げるべき項目がまだ二つ残っている。ほとんどの日本人にとっていずれも縁遠いと考えられるが，英語を学ぶ者としてぜひとも知っておく必要のある項目である。

❻ 歴史的な理由

　この理由は，英米帝国主義の歴史の遺産として政府，議会，行政，司法，学校，マスメディアなどの社会制度が英語で運営されている世界の諸地域において顕著に見られる。主にアフリカ，アジア，太平洋地域に分布する英米旧植民地の多くでは，英語による統治の遺産が現在にまで引き継がれている。これらの地域では公的な言説は英語でなされるのであり，国民が好むか好まないか

にかかわらず，英語を使いこなせなければ公的に不利な扱いを受けかねない。ここでは「英語学習の動機づけ」という表現では生やさしく，むしろ「英語習得の義務」に近い感覚があるかもしれない。

❼ 国内政治的な理由

　この理由は，上記の歴史的な理由とも密接に関係するが，インドのような多言語国家において中立的なコミュニケーションの手段として英語が使われるような状況に見られる。インドでは特に北部を中心にヒンディー語が優勢だが，反ヒンディー語の南部にとっては国家によるヒンディー語使用の推進は政治的な脅威と映る。そこで，英植民地としての歴史的な経緯によりすでに広く使用されている英語が，外来であるがゆえに民族的，政治的に中立的な言語として機能している。南アフリカ共和国でも同様の事情があり，黒人系住民は，複数ある公用語のうち伝統的な支配層と結びついてきたアフリカーンス語ではなく，英語をより中立的な国内コミュニケーションの言語として用いている。このように英語の国内的機能が発達すると，ほとんどの国民にとって外国語ではあるものの，新たに発展した英語変種が当該国の統合の象徴となることがある。

　❻歴史的な理由と❼国内政治的な理由は日本人にとって縁遠いかもしれないが，世界での英語使用を考える際に非常に重要な事項となるので，より具体的に説明したい。関与する地域は上にも述べた通り，主に英米植民地化の歴史を背負っており，それゆえに日本にとって馴染みの薄い地域が多い。日本にとって比較的関心の強いところでは香港，インド，マレーシア，フィリピン，シンガポールなどの南・東南アジア諸国が挙げられる。ここではあ

えて馴染みの薄いだろうと思われるアフリカから，ナイジェリアの例を取り上げる。

ナイジェリアは西アフリカのギニア湾に面するアフリカで最も人口の多い国である。人口が多いだけではなく，アフリカの多くの国々と同様に民族の多様性も著しい。言語の多様性を示す指数(その地域からランダムに2人を選び出したときにその2人が異なる母語をもつ確率)も非常に高く，0.869である(参考までに日本の指数は0.028)。国内で使用されている言語の数は実に521言語に上り，パプアニューギニア，インドネシアに次いで世界第3位を誇る。言語的同質性のきわめて高い日本から見ると想像を絶する言語事情である。主要な言語としては，北部のハウサ語，フラ語，南西部のヨルバ語，南東部のイボ語が挙げられる。政治的に特に重要な言語はハウサ語で，国内の主要共通語の一つとなっているが，母語話者と第2言語話者を合わせても1億6000万弱の総人口の4分の1にも遠く届かない。英語とナイジェリア・ピジン英語はそれぞれ1000万人，3000万人ほどの話者を有し，主要共通語として国内でよく通用する。いずれにせよ単独で人口の4分の1ほどのシェアを占める言語は存在しないが，政治や教育の場で公式に用いられる言語は英語である。

話者数では1000万人ほどにもかかわらず，国のなかで英語が高い地位を確保されているのはなぜだろうか。

一つは歴史的な遺産である。西アフリカ，ギニア湾沿岸へのヨーロッパ人の訪問の歴史は15世紀に遡る。15世紀にポルトガル商船の交易基地がナイジェリア地域にも築かれ，16世紀にはイギリス人との接触により同地域に様々な英語(の方言)が話されるようになった。ただし，イギリス人による植民地がラゴス(旧

首都）に正式に設立されたのは1861年のことである。このイギリス統治時代に標準イギリス英語が政治・教育などの場で公式な言語となり，1960年の独立後も現在にいたるまでその状況が遺産として受け継がれている。

　二つ目に，英語が民族的，政治的に最も中立な言語とみなされているということがある。インドの場合と同様に，多民族・多言語国家ナイジェリアでは公用語をある一つの言語に特定することは民族対立の原因となる。ナイジェリアに圧倒的な多数派のいないことが，公用語の制定を難しくしているのである。もしハウサ語を採用すれば非ハウサ系が団結して対抗するだろうし，政治問題そして流血の惨事へと発展する可能性が高い。実際に，ハウサ族とイボ族が血を流した1967年からの数年にわたる内戦（ビアフラ戦争）では150万人の犠牲者が出た。このような国では，ある言語の話者にとって「不平等に有利」になる社会状況を作り出すよりは，すべての言語の話者にとって「平等に不利」であるほうが平和的である。そこで，言語的有利を犠牲にして万人にとって（第2言語という意味で）不利な言語である外来の言語たる英語を選ぶということが現実的な解決策になる。

　三つ目に，上記のような国内政治的な理由で英語を用いざるを得ない状況のポジティヴな側面を見れば，英語を用いることによって世界とつながる機会が増えることにもなる。英語を公用語に掲げる国家として外交上有利だし，英語を習得する個人としても国際キャリア上有利だろう。

　ナイジェリアを典型とする多くの英米旧植民地の言語事情は複雑である。このような地域の言語事情を見ると，世界の人々の英語を話したり学んだりする理由・目的が千差万別であることがわ

かるだろう。英語を好むか好まないかにかかわらず現実的な圧力のもとで学ばなければならない人々，学ばないと不利を被る人々が少なからず存在する。自らが英語を習得して英語でコミュニケーションを取るとき，その相手が自分とは大きく異なる理由によって英語を習得してきたということがありうるということは，英語を学ぶ者みながよく知っておく必要がある。

　英語を学ぶ動機づけには上記の七つ以外のものもあるかもしれない。また，個人でも複数の理由が共存しているのが普通だろう。本書を読み進め，英語の裸の姿を知るにつれて英語を学ぶ新たな理由を見いだすことになるかもしれないが，読者の各々には自らが英語を学ぶ理由・目的を改めてじっくりと考えていただきたい。

　さて，世界の人々が英語を学ぶ理由を列挙してきたが，それによって英語の影響力の大きさを強調しすぎたきらいがある。実際には英語は万能なわけではなく，地域や分野を特定すれば他の言語のほうがずっと有力であり，英語の「え」の字も現われない環境もありうる。次章からは英語にまつわる数々の誤解を検証してゆくが，まずはこの「英語が万能である」という考え方にも通じる「英語は世界共通語である」という命題について，考えてみよう。

第1章

「英語は世界共通語である」

第1節 話者数で見る英語の実力

　英語が世界共通語と呼ばれるようになってすでに久しい。最近では「世界語」や「リンガフランカ」と呼ばれることも多くなってきた。後者の *lingua franca* は17世紀にイタリア語を借用した英語表現で，本来は「フランク族の言語」の意である。この言語はイタリア語，フランス語，ギリシア語，スペイン語，アラビア語からなる混成語で，かつて地中海沿岸地域の共通語として機能したために「リンガフランカ」は後に一般的に共通語を指す呼称となった。リンガフランカはそれを母語としない者どうしが交易などの実用的な目的に使用することが多いが，現在，英語は世界各地でまさにそのような目的で用いられているのであり，現代世界で最も影響力のあるリンガフランカと呼んで差し支えないだろう。

　英語が世界共通語として機能しているということは，ほぼすべての日本人の共通認識とみなしてよいと思われる。確かに中国語，スペイン語，アラビア語など，国際的な影響力の強まってきている言語はあるが，今のところ英語が実力の上で抜きんでていることに疑いをさしはさむ人はいないだろう。「英語は世界共通語である」という命題はすでに前提となっているのである。

　しかし，この前提について客観的な事実に基づいた裏取りをしておくことは重要である。なぜならば「英語はみな話せる」「国際的な仕事をするためにはまず英語を学ばないと」など，英語という言語に対する意見や態度の多くが「英語は世界共通語であ

る」という1点に依存しているからである。特に英語学習熱の高い日本でこの前提のチェックが忘れられているのは,たいそう不安なことである。

　では,英語についての基本事項を押さえられているかどうか試してみよう。以下の3題の質問は,現代世界における英語の実力を正確に捉えているかどうかを試す問いである。

1. 英語を母語として用いる話者の数は？
2. 英語を第2言語／外国語として用いる話者の数は？
3. イギリスやアメリカのように英語母語話者が支配的である国・地域の数は？

　いずれも国際コミュニケーションのために英語を学ぶ者にとっては知っているべき基本の知識であるはずだ。しかし,3問すべてに自信をもって答えられる人は少ないのではないか。

　問1の答えは約4億人である。現在の世界総人口を仮に70億人とすると,英語母語話者はその5.7％ほどしかいない計算になる。世界共通語と呼ぶには意外に小さい数値だという印象を受けるのではないだろうか。

　表1-1は主要英語母語国6カ国の人口と人口増加率である。主要6カ国の合計で4億4000万人ほどとなるが,この人口すべてが英語を母語としているわけではない点に注意したい。例えば,アメリカではヒスパニック系の人々や世界各地からの移民で,英語以外の言語を母語としている人々も多い。さらに注目すべきは,表に挙げた多くの国が先進国で少子高齢化国であり,程度の差こそあれ今後は人口が伸び悩むことが予想されることである。したがって,これらの多くの地域で英語母語話者数が伸び悩むこ

表1-1 | 主要英語母語国の人口と人口増加率（国立社会保障・人口問題研究所による2010年年央時の推計）

国	人口	人口増加率 （2005-2010年）（%）
アメリカ合衆国	317,641,000	0.96
イギリス	61,899,000	0.54
カナダ	33,890,000	0.96
オーストラリア	21,512,000	1.07
アイルランド	4,589,000	1.83
ニュージーランド	4,303,000	0.92
日本（参考）	126,995,000	-0.07

とも必至である。

　次に問2へ移ろう。「第2言語」と「外国語」とは異なる概念で、前者は主に歴史的な経緯で英語が公用語などの特別な地位を占めているインドやナイジェリアのような地域と関連して用いられ、後者は英語が教育などにおいて重要な外国語と位置づけられている日本のような地域と関連して用いられる。ここでは「第2言語／外国語」を広く非母語を指す表現と捉えておきたい。非母語話者が英語を話すことができると認定されるために英語力がどの程度あればよいのかという問題はあるが、およそ中級程度として緩く理解しておきたい。さて、答えは約12億人である。表1-2は英語を第2言語とする人口上位10カ国の人口と人口増加率である。各国人口のすべてが英語を習得しているわけではなく、単純に加算して英語第2言語話者人口を出すことはできないが、この英語非母語話者のグループにはパキスタンやナイジェリアのような人口爆発国が多く含まれており、これらの国々こそが今後の英語の伸長の鍵を握っているとも考えられる。

表1-2 | 主要英語第2言語国の人口と人口増加率（国立社会保障・人口問題研究所による2010年年央時の推計）

国	人口	人口増加率 （2005–2010年）（%）
インド	1,214,464,000	1.43
パキスタン	184,753,000	2.16
バングラデシュ	164,425,000	1.42
ナイジェリア	158,259,000	2.33
フィリピン	93,617,000	1.82
エジプト	84,474,000	1.81
タンザニア	45,040,000	2.88
ケニア	40,863,000	2.64
ウガンダ	33,796,000	3.27
ネパール	29,853,000	1.85

　上の2問から，英語で実際上のコミュニケーションをとることのできる人口は世界中にざっと16億人，およそ4.4人に1人という計算になる。人口統計にかかる不確かさ，想定している英語使用者の英語力の程度，他言語と混成したピジン英語話者をどう数えるかなどの要因によって数億人の増加がありうるので，誤差をとって世界人口の4人に1人程度とみなしておくのが妥当だろう。いずれの推計をとっても決して小さい数ではないし，実のところ人類言語史上，最大の話者数を誇っていることは間違いない。しかし，世界共通語と称するわりには意外に少ないというのが第一印象ではないだろうか。話者数という点で英語の実力がこの程度であるということは，英語学習者みなが正しく認識しておく必要がある。英語教育でもあまり扱われない話題だが，もし世界中に英語話者が2人に1人だったら，あるいは8人に1人だっ

たらと想像すると，英語学習の動機づけに少なからぬ影響を与えるはずだから，本質的に重要な話題である。

問3はイギリスやアメリカを代表とする英語母語地域が世界にどれだけあるのかという問いである。英語以外に主要なライバル言語が存在しない地域，英語留学の目的地となりうる地域として列挙してみると，前掲の表1-1の6カ国ぐらいで尽きてしまうのではないか。ところが，実際には以下のように33もの国・地域が挙げられる。

アイルランド共和国，アセンション，アメリカ合衆国，アンギラ，アンティグア・バーブーダ，イングランド，英領インド洋領土，英領ヴァージン諸島，オーストラリア，ガイアナ，北アイルランド，グレナダ，ケイマン諸島，ジャマイカ，スコットランド，セントヴィンセント・グレナディーン諸島，セントクリストファーネヴィス，セントヘレナ，セントルシア，タークス・カイコス諸島，ドミニカ，トリスタン・ダ・クーニャ，トリニダード・トバゴ，ニュージーランド，バハマ，バミューダ諸島，バルバドス，ハワイ，フォークランド諸島，米領ヴァージン諸島，マン島，モントセラット，リベリア

多くはカリブ海地域の島国で知名度は低いかもしれない。また，単に国ではなく国・地域としたのは歴史的な経緯を勘案したためであり，イギリスだけをとってみてもイングランド，スコットランド，北アイルランドなどと複数地域に分けて数えられているために，合計数はその分増えることになる。だが，これだけの地域が英語を母語としていることは通常の英語教育では教わらな

い。

　以上の3問では英語の話者数や英語が主に使用されている地域数という観点から英語の実力を見たが，真の実力は他の主要言語と比較して初めて見えてくる。母語話者数の観点から英語と他の主要言語を比較してみよう。表1-3は母語話者数で世界トップ10の言語の順位表である。

　世界には約7000の言語が存在するが，母語話者が1億人を超える言語は上位10言語にすぎない。これだけで実に世界人口のほぼ半分（約35億人）がまかなわれている。実のところ，世界の言語の96%が世界人口の4%の話者にしか母語として使用されていない。世界の言語と母語話者の数はまさにピラミッド状の分布を示し，大多数の言語が消滅の危機にあることがわかるだろう。消滅の速度については様々な予想がなされているが，今世紀末までに世界の言語のおよそ半数が失われるだろうという推計が聞か

表1-3 ｜母語話者数の多い上位10言語（*Ethnologue*20版より作成；*印を付した言語は印欧語族に属する）

順位	言語	主要国	使用国	話者人口
1	中国語	中国	37	1,284,000,000
2	*スペイン語	スペイン	31	437,000,000
3	*英語	英国	106	372,000,000
4	アラビア語	サウジアラビア	57	295,000,000
5	*ヒンディー語	インド	5	260,000,000
6	*ベンガル語	バングラデシュ	4	242,000,000
7	*ポルトガル語	ポルトガル	13	219,000,000
8	*ロシア語	ロシア連邦	19	154,000,000
9	日本語	日本	2	128,000,000
10	*ラーンダー語	パキスタン	6	119,000,000

れる。この推計によるとおよそ1-2週間に1言語の割合で消失が進んでいることになる。

　さて，ピラミッドの頂点に位置するトップ10の言語のなかで群を抜いての1位は中国語である。次いで，スペイン語，英語と続く。英語はここ20年ほどのあいだにスペイン語に抜かれて2位から3位へと順位を落とした。次にアラビア語と，インドやパキスタンの主要言語であるヒンディー語が肉薄する。日本語は堂々の9位に入っており，ドイツ語やフランス語より勝っているというのは意外かもしれない。トップ10のうち＊印を付した7言語は第3章第2節で触れる印欧語族（インドヨーロッパ語族；the Indo-European family）に属し，同語族の現代世界での影響力を見て取ることができる。

　母語話者数の順位表を見ると，絶大な影響力を誇る英語が1位でなかったり，国際的に広く用いられているとは考えられない日本語が9位につけているなど，ある言語の母語話者数と国際的な影響力のあいだには必ずしも強い相関関係があるわけではないことがわかる。では，母語話者数の他に国際的な影響力を生じさせる要因には何があるだろうか。複数の要因がありうるが，特に重要なのは非母語話者数だろう。例えば，英語では非母語話者数が母語話者数を約3対1の割合で圧倒的に上回っている。今後この比がますます開いてゆくだろうことはすでに示唆した通りである。仮に母語話者と非母語話者の数を合わせたものを言語の影響力を示す指標とすると，15-20億人の話者を擁するとされる英語が，中国語やスペイン語を抜いて世界第1位に躍進する。これは現代世界における英語の位置づけを正当に評価している指標といえる。

本節をまとめよう。世界人口のおよそ4人に1人という英語の話者数は、世界共通語と呼ばれるわりには一見すると少ない数に思われるかもしれない。しかし、人類言語の歴史からも、他言語と比べた場合でも、世界第1位の言語であることが確認できた。そして、向こう数年から数十年という近い将来、非母語話者の著しい増加により、英語話者数が世界人口の2-3人に1人という状況に達する可能性がある。このような文脈で、私たちは英語を学んでいるのである。

第2節　一枚岩でない英語

　前節では英語が世界共通語と呼ばれうる数的な根拠を示した。しかし、世界共通語としての英語に関する議論はもっと複雑である。というのは、世界共通語というときに念頭にあるのは一つの固定した英語というイメージだろうが、実のところ英語は過去にも現在にも決して一枚岩だったことはないからである。英語は内部で分裂しており、何が英語の中核なのかは判然としない。英語とは、その茫洋とした全体を指すのか、あるいはある特定の部分を指すのかという問題について共通理解がない限り、そもそも世界共通語としての英語を論じることはできない。

　ある形態の英語を、英語の変種と呼ぶことにする。よく知られた英語変種としては、イギリス変種、アメリカ変種、オーストラリア変種、インド変種、シンガポール変種などがある。この延長線上に、中国変種や日本変種（ジャパニーズ・イングリッシュ）など

が位置づけられる。国レベルではなくとも，スコットランド変種，アメリカ南部変種などの小域変種がありうるし，北アメリカ変種（アメリカとカナダを含む），アジア変種などの大域変種もありうる。

　また，地理的な基準だけではなく社会的な基準による変種を考えることもできる。例えば，英語では日本語ほど顕著ではないが男性変種と女性変種という性を基準にした変種がありうる。学生変種と社会人変種，幼児変種と大人変種，高階級変種と低階級変種，白人変種と黒人変種，標準変種と非標準変種，口語変種と文語変種，手紙変種と電子メール変種も区別されうる。究極的には，オバマ変種，エリザベス女王変種などの個人レベルの英語変種に行き着き，これを個人語と呼ぶことがある。このように変種という用語は，考えられるあらゆるレベルでの言語の1形態を指すのに用いることができる。

　理論上は英語を無数の○○変種へと分解することができるが，多くの英語学習者にとって世界共通語としての英語というときに念頭にあるのは，標準イギリス変種か標準アメリカ変種だろう。長らく日本の英語教育ではいずれかの変種がモデルとして掲げられてきた。英米両国は英語文化を生み育て，近現代日本にも大きな影響を与えてきた国であることを考えれば，この2変種が英語教育の目標に据えられるのは自明のように思われるかもしれない。しかし，前節で見たように，英語話者全体のなかで英米人の占める割合は必ずしも大きくなく，むしろ非母語英語話者が圧倒している。今後，イギリス変種やアメリカ変種という伝統的なブランドの価値が相対的に低下し，例えば新興のアジア変種がますます数の力で優勢になったとしたらどうなるだろうか。世界共通語と

しての英語の目指すべきモデルが英米変種からアジア変種へと移行したらどうなるだろうか。英語の中核として広く認められている英米変種ですら必ずしも固定されたものではないのである。

　ここで，世界に行なわれている英語の地域変種を分類するモデルをいくつか紹介しよう。世界に展開するすべての英語変種は，歴史的にイギリス変種を基盤としている。アメリカ変種も例外ではない。しかし，現代世界におけるアメリカ変種の影響力の大きさを考えると，少なくともイギリス変種と同列に扱うのが常識にかなう。イギリス変種とアメリカ変種を二つの祖とする英語変種の広がりは，図1-1の世界地図に示される。これは，英語の世界的展開についての歴史的および地理的な要素が考慮された英語変種の分布図となっている。

　もう一つの伝統的な英語変種の区分として，同心円モデルがある。中央に架空の世界標準英語なるものを想定し，その回りに大域的な英語変種を据え置く。さらにその周囲には，国，州，都市，村などの小域に基づく細分化された変種が配置される。理論上は個人語に行き着くまで同心円を周囲に重ねてゆくことができる。このモデルは，英語が世界共通語として収斂してゆこうとする求心力と個別化してゆこうとする遠心力とのバランスのなかで存在しているという状況をよく表わしている。

　この同心円モデルを発展させて3次元のピラミッドとして表現したのが図1-2である。中心部が高い位置にあるのは，世界標準英語という変種が国際コミュニケーションのために同質的に保たれており，世界中の英語学習者の目指すべき目標として権威があると想定されているからである。ここで注意したいのは，世界標準英語は必ずしも標準イギリス変種や標準アメリカ変種そのもの

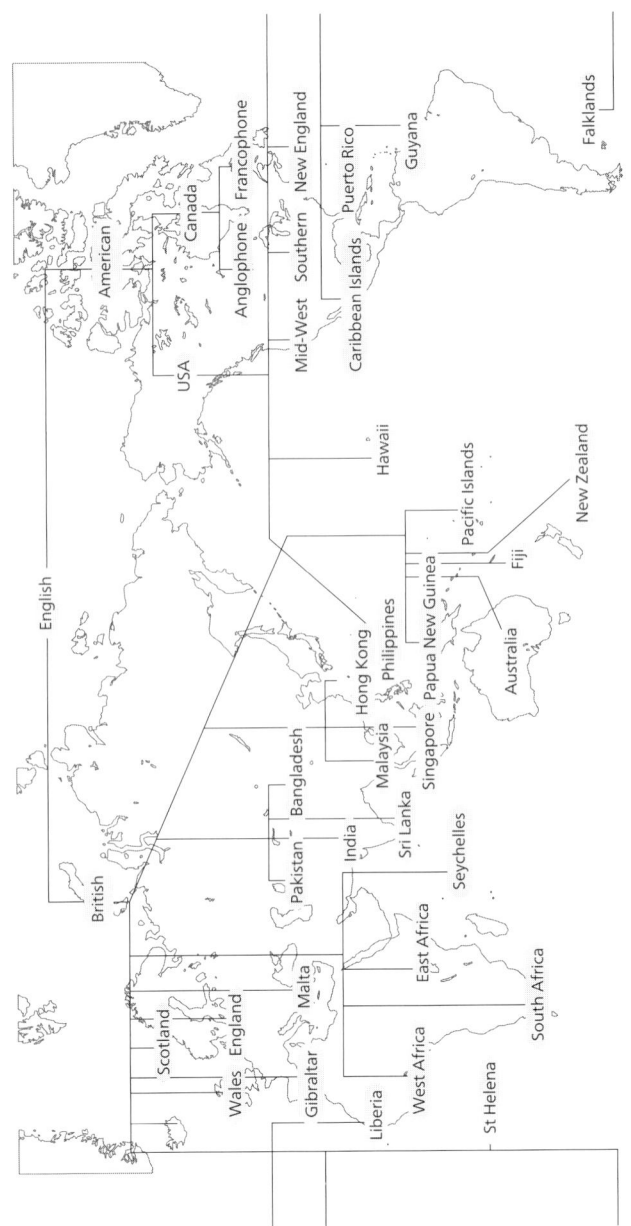

図 1-1 英語変種の世界分布図(Crystal, *English as a Global Language* の図をもとに作成)

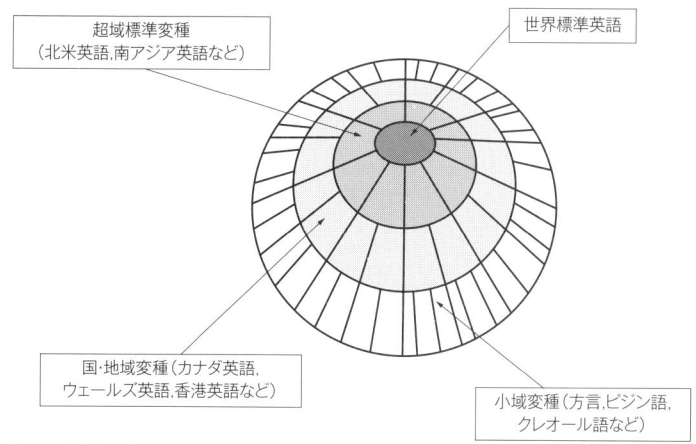

[図: 英語変種のピラミッドモデル]
- 超域標準変種（北米英語、南アジア英語など）
- 世界標準英語
- 国・地域変種（カナダ英語、ウェールズ英語、香港英語など）
- 小域変種（方言、ピジン語、クレオール語など）

図 1-2 | 英語変種のピラミッドモデル（Svartvik and Leech, *English: One Tongue, Many Voices* の図をもとに作成）

を指すわけではないことである。英米変種はあくまで他の地域変種と同列で、より低い周囲の層に位置づけられている。世界標準英語は、明確な形では存在しない理想的で抽象的な変種として捉えられる。

　図1-1の英語変種のモデルは歴史的、地理的な視点からのモデルであり、図1-2のモデルは世界標準英語と各地域変種との社会的な力関係を意識した現実的なモデルである。前者では英米変種に力点が置かれるが、後者では英米変種は他の地域変種と同列に置かれる。いずれもある側面から見れば巧妙なモデルだが、その側面だけを見ていては英語変種間の関係を正しく把握することはできない。歴史的な視点と現実的な視点とを合わせて現代世界の英語変種を理解することが必要である。

第3節 様々な英語話者

　前節で英語の変種の分類を扱ったが，本節ではそれと密接な関係にある英語の話者の分類についていくつかのモデルを紹介したい。英語話者の最も古典的な分類モデルは，先にも触れた通りまず母語話者と非母語話者を分け，さらに後者を第2言語話者と外国語話者に区分する方法である。

1. 母語としての英語話者（ENL = English as a Native Language）。
2. 第2言語としての英語話者（ESL = English as a Second Language）。
3. 外国語としての英語話者（EFL = English as a Foreign Language）。

　英語母語話者としては英米人が筆頭に挙げられるが，英語を主要言語としている国・地域が30以上あることは前述の通りである。第2言語と外国語を厳密に区別することは難しいが，前者は主に歴史的な経緯で英語が事実上の公用語（の一つ）として機能しているような社会において典型的に母語に加えて習得される言語として定義される。単純に母語の次に習得される言語という意味での「第2」ではないことに注意したい。第2言語としての英語と結びつけられる国としては，インド，パキスタン，バングラデシュ，ナイジェリア，フィリピン，エジプト，タンザニア，ケニア，ウガンダ，ネパールなど50カ国以上が挙げられる。南アジアやアフリカの国々が多い。

　外国語としての英語は，英語が正式に公用語とはされていないが，政治や教育において戦略的に重要な外国語として位置づけら

れている社会において広く学ばれている英語として定義される。代表的な国としては日本，韓国，中国，フランス，ロシアなどがあり，世界の大部分，100カ国以上がここに属する。実際には3区分の境目が明確でない事例もあるが，非常にわかりやすいモデルなので広く受け入れられている。3区分法による英語話者人口の内訳は，およそ図1-3の通りである。本章第1節で見たように，英語話者の総人口は約16億人（多めの推計で約20億人）である。

この英語話者の3区分法は当該社会で生活する上で英語がどのくらい必須であるかという観点からの区分だが，同時に英語の世界的拡大の歴史的な過程を考慮した区分ともおよそ重なる。後者の観点からは，次のように再分類される。

1. 内円集団（Inner Circle）：英語を母語として用いる地域や話者層。
2. 外円集団（Outer Circle）：英米の旧植民地に代表される，（準）公用語として英語を用いる地域や話者層。
3. 膨張円集団（Expanding Circle）：内円集団との歴史的なつながりはそれほど強くないが，英語を重要な外国語として位置づけている地域や話者層。

この区分法では，過去に英語母語国による

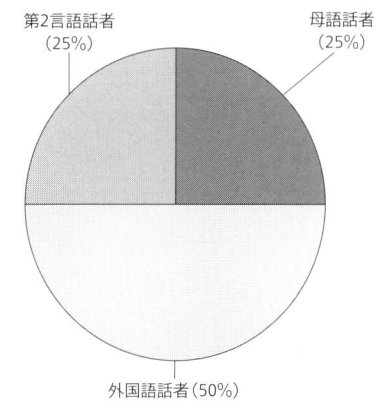

図1-3 ｜ 母語，第2言語，外国語としての英語話者

植民地支配を被ってきたかどうかという歴史的な観点が強調される。内円集団という中核から外円集団が派生し、さらにその外郭に膨張円集団が出現してきたという歴史的な英語の世界展開を説明するのに都合のよい区分法である（図1-4参照）。

このモデルの長所は、宇宙のビッグバンのように、中央の英語母語国から始まった英語の歴史的拡張が現在も続いており、これからも続いてゆくことを暗示していることである。また、これから特に話者数を膨張させてゆくのが中核的な内円集団ではなく周辺的な外円集団や膨張円集団であることをも暗示している。しかし、短所もある。このモデルでは英語母語国が中央に配されており、英語世界の王座に居座っているという印象を与える。逆にいえば、周辺の外円集団や膨張円集団は劣っており権威がないかのような印象を与える。しかし、21世紀の人口増加率を考える限り、外円集団や膨張円集団こそが今後の英語の展開に中心的な役割を果たす可能性が高い。このモデルではその傾向がうまく表現されていない。

三つ目の英語話者区分法は、「リンガフランカとしての英語」という意味で1990年代半ば以降によく聞かれるようになったELF（English as a Lingua Franca）を強く意識したモデル

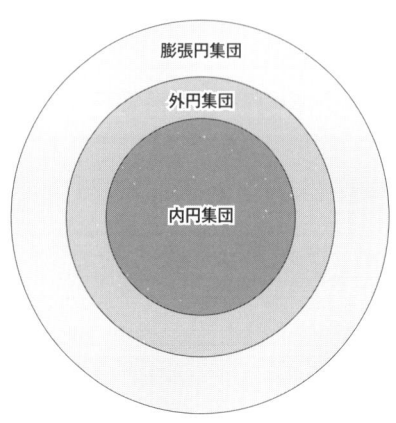

図 1-4 ｜内円, 外円, 膨張円集団（Graddol, *The Future of English?* の図をもとに作成）

である。上述の二つの伝統的な区分法では，多かれ少なかれ英語母語話者が中核的な役割を担っていることが前提とされていた。しかし，少なくとも数の上では英語非母語話者こそが英語話者の中核になっていることは間違いなく，その現状を反映するモデルが必要とされるようになってきた。新しく提案された英語話者の3区分法では，従来のモデルからの脱却が図られている。

1. 英語以外の言語を話さない英語話者（MES = Monolingual English Speaker）。
2. 英語を含め二つ以上の言語（習得の順序は問わない）について母語なみに堪能な話者（BES = Bilingual English Speaker）。
3. 母語ほど堪能ではないが英語を用いる話者（NBES = Non-Bilingual English Speaker）。

この3区分は実質的には伝統的なモデルでいう英語の母語話者，第2言語話者，外国語話者にそれぞれ対応するが，新しい呼称に発想の転換が見いだせる。伝統モデルの呼称では英語に対する距離感や英語習得の順序が含意されるが，新モデルの呼称では英語とそれ以外に習得している言語との関係，特に英語の他に習得している言語があるかどうかという点が強調されている。この観点からすると，「英語以外の言語を話さない話者」とは露骨にいえば「英語しか話せない話者」を含意し，この範疇に属する英語母語話者の多くがネガティヴに捉えられることになる。それに対して他の2区分は「他言語も話せる英語話者」というポジティヴな地位を付与される。特に二つ目のBESは，世界共通語としての英語にも堪能な複数言語話者として比較優位に立つ。BESと三つ目のNBESを分ける堪能さの度合いをどう計るのかなど，こ

の区分法には問題点もあるが，英語の現状と未来を映すモデルとして興味深い提案である。グローバル化した現代社会では単一言語話者であることは不利であること，単一言語使用が世界の基準ではないという現実を反映している点でも，注目すべきモデルである。

第4節 英語は誰のものか

「リンガフランカとしての英語」という用語が含意するのは，互いに英語母語話者でない人々が英語という共通語を頼りにコミュニケーションを繰り広げるという環境の存在である。この環境が日々増えていることは，留学であれ海外旅行であれひとたび世界に出てみればすぐに体験できる。日本人と中国人が英語で話す風景，イギリス以外のヨーロッパの国の出身者が互いに英語で話す風景などは，今では珍しくないどころか日常茶飯事といってよい。このような環境では誰が英語の所有者であるかは不問に付される。英語はもはや英語母語話者の専有物ではなく，英語を話すみなの所有するところとなった。逆にいえば誰のものでもないともいえる。

英語非母語話者どうしの英語によるコミュニケーションがこのように活発になってくると「実用的な英語の学習」の意味合いも変わってくる。コミュニケーションの相手として英語母語話者ではなく英語非母語話者を想定して学習するほうが，ずっと現実味があるということになるからだ。世界ではこの現実感を反映した

英語の教育・学習が実践され始めている。例えば，中国では1990年代に英語教師を養成する教師としてベルギー人を雇用した。英語母語話者よりも2言語使用の実践者であるベルギー人の英語教師を採用するほうが，リンガフランカとしての英語を教育するには適切だと判断したからである。また，アジアの国々のなかにはインド人やシンガポール人の英語話者を事実上の英語母語話者として認め「ネイティブ英語教師」の供給源を従来の英語母語国以外に見いだそうという動きも見られる。

　アジアのこうした動きを象徴するのが，2005年12月にクアラルンプールで開かれたASEAN会議でインドが出した提案である。インドがアジア地域に自前で常設の英語教育センターを作ろうと提案し，周辺国がこれを歓迎したのである。

　英語教育からの「英語母語話者外し」の潮流は，英語母語話者の教師が不足している現状にも後押しされて，インドや中国などの巨大市場を軸に今後ますます広がってゆくかもしれない。英語母語話者にとっては自分たちの言語が乗っ取られるかのような衝撃的な近未来像かもしれないが，英語母語話者中心の英語教育に肩入れしてきた世界中の多くの国々にとっても，方針を考え直す時期が到来するのかもしれない。

　このように，21世紀が進むにつれて英米変種のブランドの相対的な地位が低下してゆく可能性が少なからずある。とはいえ，この予想には異論もあろう。英語母語話者や，英米変種に基づく伝統的な英語教育を授受してきた世界中の英語教師にとって，この予想は不愉快なものに映るだろうし，英米変種を度外視しての世界英語などありえないと考えたとしても不思議はない。かれらにとっては，英語の所有権を非母語話者に開放するということ

は，自らのアイデンティティやプライドに関わる問題でもある。世界中で話される英語が崩れてゆくことに危機感を抱き，由緒正しい英米変種に英語の守護者としての役割を託すという傾向が生じたとしても不思議はない。近代以降にイギリスが英語の基盤を作り上げ，20世紀にアメリカがそれを広めたという積年の業績は確かに重い。現在でも世界中の英語教育においてしばしばイギリスの伝統的な発音である「容認発音」が目標とされている，あるいは少なくとも参照すべき発音とみなされている状況は，長年培われてきた英語教育の伝統の根強いことを示している。英米変種のブランドが1日にして成ったものではないのと同様に，1日にして衰退することはないだろう。

　英語学習者としては，今後数十年間は英語が揺れ動くターゲットであるということを念頭に置いておく必要がある。学習効率上はある変種に狙いを定めるのが自然であり，従来通りにイギリス変種かアメリカ変種のいずれかを基本に据えて学び続けるのが現実的な対応だろう。しかし，英語を取り巻く状況は今後少しずつ変わってゆく可能性があることは気に留めておきたい。

　本章の表題の「英語は世界共通語である」という主張は，世界のおよそ4人に1人という話者数の観点からは必ずしも当を得ていないかもしれないが，他言語と比較すれば「世界共通語の地位に最も近い言語である」とはいってよいだろう。本章では，英語の話者人口，変種，話者の種類について世界的な視点から論じた。これまでこのような点を意識せずに英語を学習してきた人にとっては驚くべき事実も含まれていたのではないか。英語を取り巻く世界の環境は実に複合的であり，各英語学習者はその環境の一部を形成している。英語を学ぶということは，個人的な実践で

ありながらも，それ自体によって世界の英語文化に貢献しているともいえる。英語は人類史上最大規模の世界共通語になりつつあるからこそ，世界的な視点で向き合う必要があるのではないだろうか。

第2章

「英語は昔から変化していない」

第1節 変化しない言語はない

　英語が世界共通語であるとの認識があまりに強いためか，英語は不変化の言語であり，昔もおよそ今の英語のままであったに違いないという誤解が生じることがある。この誤解は，言語が変化するものであるという言語に関する前提を理解していないか，あるいは英語を特別視しているかのいずれかに起因するといってよい。日本語を考えてみよう。国語の授業で古文に接する機会があるが，およそ1000年前の日本語と現在の日本語とを比べて，言語が変化していないと思う人はいないだろう。日本語が時を経て変化したのであれば，英語を含めた他の言語も変化しないはずがない。もしそうでないと考えるのであれば，日本語あるいは他の言語のいずれかを特別な言語とみなしているからだろう。

　言語が変化するという事実を理解するには，なにも1000年前まで遡らずともよい。日本語でも戦前から現在までの数十年ほどのあいだに，おびただしい借用語が語彙に加わってきた。また「ファイル」などの名詞アクセントの平板化，新語の盛衰，「やばい」の意味が「都合が悪い」から「素晴らしい」へと転化している変化などは，注意していれば1世代間でも実感できる。これらはいずれも立派な言語変化といってよい。英語に目を移せば，*often*の〈t〉が発音されるようになってきている綴り字発音の傾向，性別を特定しないで済む人称代名詞として頻度の高まってきている「単数の*they*」の用法，ポリティカル・コレクトネス（political correctness，略称PC）と呼ばれる社会的平等，特に性の平等と

いう観点からの*chairman*→*chair*等の代替表現の増加など，現在進行中の言語変化は意外と多く存在する。変化の規模や速度はそれぞれ異なるものの，何らかの点で変化しない言語は存在しない。一見すると古くから変わっていないように見える保守的な方言であれ，標準的な書き言葉であれ，また手話言語ですら，常に変化にさらされている。

　しかし，例外的に変化しない固定化された言語というものが存在する。その代表例は西洋の歴史を通じて広く学問・宗教・文化の共通語として使用されてきた古典ラテン語である。古典ラテン語は，中世には中世ラテン語，フランス語，スペイン語などへと分化してゆき，古典ラテン語そのものの母語話者は絶えたが，それ以降も主に書き言葉として生き続けた。文法や語彙が古典時代に固定化され，そのまま現在に伝わってきているため，言語的にはほぼ変化していない。言語的にはミイラとして生き残っているにすぎず，このような言語を取り上げて「言語は変化する」という前提の例外とみなす必要はないだろう。より正確な前提としては「生きた現役の言語は変化する」としておけばよい。

　変化を免れないという点では，英語も例外ではない。英語は第1章で見たように現代世界において世界共通語の地位に最も近い言語であり，したがって社会的に最も重要な言語である。しかし，だからといって言語的に特別であるというわけではなく，あくまで世界に約7000ある言語のうちの一つにすぎない。言語的には英語は他のすべての言語と同列に置かれることを強調しておきたい。

第2節 英語史の時代区分

　他の多くの言語と同様に，英語は言語変化を数多く経験してきた。この点で英語を他言語と区別して特別視してよい理由はない。しかし，英語が世界の主要な言語のなかでも比較的大規模な変化を遂げてきた言語であるということは否定できない。

　英語の壮大な言語変化を概観し始める前に，英語史の時代区分を見ておこう。時代区分には古くから諸説が提案されているが，最も典型的な区分の一つを紹介しよう。

1. 古英語（Old English）　　　　　　　449（700）-1100年
2. 中英語（Middle English）　　　　　　1100-1500年
3. 近代英語（Modern English）　　　　　1500-1900年
4. 現代英語（Present-Day English）　　　1900年-現在

　英語の始まりは，アングロサクソン人（Anglo-Saxons）がドイツ北部やデンマークの故地よりブリテン島へ本格的に移住したとされる449年を採用するのが一般的である。ただし英語で書かれた現存する最古の文書は700年頃のものであり，厳密な意味での英語の歴史はその時期に始まると考えるべきかもしれない。1100年は1066年のノルマン征服（Norman Conquest），1500年は1486年の活版印刷術の導入，1900年はイギリスからアメリカへの覇権の移行の時期などに緩やかに関連づけられている。

第3節 現代英語の特徴

　英語の歴史は古英語から現代英語まで，ざっと1500年以上にわたるが，そのあいだにどの程度の言語変化を遂げてきたのだろうか。古英語の文献はその後期，およそ紀元1000年前後から出ているものが多いので，それと比較することでこの1000年間に英語がどのくらい変わったかを見てゆきたい。

　1000年前の日本語と現代日本語を比べると，雰囲気こそ大きく異なっているが，日本語としての連続性が感じられるのではないか。しかし，古英語と現代英語の場合は，それぞれの文章を並べて眺めてみれば一目瞭然だが，まるで異なる言語といってよい。以下は聖書の「主の祈り」の現代英語版（改訂標準訳，左側），古英語版（古英語散文作家アルフリッチ［Ælfric, 955?-1010?］によるもの，右側），日本語版（新共同訳，下側）である。

Our father who art in heaven,	Þu ure fæder, þe eart on heofonum,
Hallowed be thy name.	sy þin nama ʒehalʒod.
Thy kingdom come,	Cume ðin rice.
Thy will be done,	Sy ðin wylla
On earth as it is in heaven.	on eorðan swaswa on heofonum.
Give us this day our daily bread;	Syle us todæʒ urne dæʒhwamlican hlaf.
And forgive us our debts,	And forʒyf us ure ʒyltas
As we forgive our debtors;	swaswa we forʒyfað ðampe wið us aʒyltað.
And lead us not into temptation,	And ne læd ðu na us on costnunʒe,
But deliver us from evil.	ac alys us fram yfele.

天におられるわたしたちの父よ，
御名が崇められますように。
御国が来ますように。御心が行われますように，
天におけるように地の上にも。
わたしたちに必要な糧を今日与えてください。
わたしたちの負い目を赦してください，
わたしたちも自分に負い目のある人を
赦しましたように。
わたしたちを誘惑に遭わせず，
悪い者から救ってください。

　比較してみてどのように感じただろうか。古英語には現代英語には見られない文字がいくつか存在するし，現代英語と対応する語として判別できるものは多くないのではないだろうか。筆者の開講している大学の古英語講読の授業では，受講生は初めて古英語を見てこれは英語ではないとため息をつく。もう一つ新たな外国語を勉強しなければならないという気分に陥るからだろう。
　ここではこの1節について現代英語と古英語を詳細に比べることは割愛し，代わりにそれぞれの一般的な言語特徴を対比的に明らかにしたい。まずは現代英語の特徴から始めよう。ある言語の特徴を浮き彫りにするには，その言語の古今の姿を比較するだけではなく，関連のある他言語と比較することが有効である。比較対象となりうる言語はいろいろあるが，英語と関わりの深い現代の主要なヨーロッパ語，特にフランス語やドイツ語を比較対象とするのがわかりやすい。以下の5項目は，現代英語について指摘されている顕著な特徴である。❶世界的な語彙，❷単純な屈折，

❸自然性，❹豊富な慣用表現，❺綴り字と発音の乖離。それぞれの項目については後の章で様々な形で扱ってゆくので，ここでは概要を示しておこう。

❶ 世界的な語彙

1500年以上にわたる歴史のなかで，英語は350以上もの言語と接触し，たえず外国語から語彙を借用してきた。英語に対して影響を及ぼしていない言語を挙げるほうが難しいぐらいである。それに対して，フランス語やドイツ語は古来より比較的純粋な語彙を保っており，借用語は限定的である。

❷ 単純な屈折

語が主に語尾を変化させることで様々な文法機能を標示する働きを屈折と呼ぶ。この文法現象は，現代英語では名詞であれば複数形の *-s*，動詞であれば3単現の *-s* や過去形・過去分詞形の *-ed* など少数に限られる。不規則なものもいくつか存在するが，全体的に現代英語の屈折は非常に単純である。一方，フランス語やドイツ語では，活用表を暗記するということが文法習得の主要な課題となるほどに，屈折は複雑である。

❸ 自 然 性

世界の言語には文法上の性をもつ言語が少なくない。文法性をもつ言語では，各名詞に文法上の性が割り当てられており，それは生物学的な性と一致するとは限らない。文法性はフランス語（男性・女性）やドイツ語（男性・女性・中性）ではお馴染みだが，現代英語には存在しない。現代英語の性は，日本語と同様あくまで生物学的な性を反映した自然性である。

❹ 豊富な慣用表現

現代英語には句動詞などの慣用表現が多い。*give up, look for-*

ward to, *stand by* などの英語学習者にはお馴染みの熟語や成句の数々が物語っている通りである。慣用表現の存在しない言語はないが、英語では慣用表現は相対的に多いとされる。

❺ 綴り字と発音の乖離

理想的には文字と発音は1対1の関係であることが望ましい。この点、日本語の仮名は理想に近い。「ア」と書けば発音は一つしかない。しかし、現代英語では理想の1対1にはほど遠いのが現状である。*A* はなぜ「ア」ではなく「エイ」と発音するのか、*knight* の ⟨k⟩ や ⟨gh⟩ はなぜ発音しないのか、*women* の ⟨o⟩ はなぜ「イ」と発音するのか。このように綴り字と発音の関係が不規則な例を挙げればきりがない。フランス語やドイツ語では、綴り字と発音の対応関係はずっと厳格であり、1対1の理想の状態に迫っている。

この5特徴は、英語学習者にとって学びやすいかどうかという観点から長所と短所に分けて提示されることが多い。具体的には、❶、❷、❸が長所、❹、❺が短所として言及される。

フランス語やドイツ語など他のヨーロッパの言語を学んだことのある人であれば上記の現代英語の特徴にはおよそ納得するのではないだろうか。逆に、英語以外の外国語を学んだことのない人は、英語がこのような言語的特徴をもっていたのかと初めて気づいたかもしれない。英語学習者はみな学習の過程で英語の学びやすい点と学びにくい点を肌で感じているだろうが、具体的に英語の何が学びやすく、何が学びにくいのかと問われると、漠然としていたのではないだろうか。

第4節 古英語の特徴

　以下の5項目は，古英語の特徴である。❶英語本来の語彙，❷完全な屈折，❸文法性，❹派生と複合による語形成，❺綴り字と発音の一致。この古英語の特徴と先に挙げた現代英語の特徴とは，鏡に映したように正反対の関係であることがわかるだろう。実はこの古英語の5特徴は前節でも比較対象としたフランス語やドイツ語についてもある程度当てはまる特徴である。

❶ 英語本来の語彙
　古英語の段階では英語は外国語から借用語をほとんど取り入れておらず，純度の高い英語本来の語彙をもっていた。借用語比率はわずか3％ほどである。

❷ 完全な屈折
　名詞には数・格によって少なくとものべ8種類（2数×4格）の屈折形が存在した。形容詞や冠詞には，修飾する名詞の性・数・格に応じて，また統語的条件に応じて，少なくとものべ48種類（3性×2数×4格×2屈折タイプ）の屈折形が存在した。動詞も人称・数・時制・法などに応じてきわめて複雑に屈折した。

❸ 文 法 性
　古英語には，各名詞に文法上の性が割り当てられていた。ドイツ語と同様に男性・女性・中性の3性があり，必ずしも生物学的な自然性と一致していない例もあった。例えば，*wīf* "wife"（女性）は中性名詞であり，*wīfmann* "woman"（女性）は男性名詞である。

❹ 派生と複合による語形成

　現代英語には複数の語を組み合わせて特有の意味を表わす慣用表現が豊富だが，古英語では語や語よりも小さい単位を複数組み合わせて1語に仕立て上げるという派生や複合と呼ばれる語形成が多用された。例を挙げよう：*frēondscipe* "friendship"（*friend + -ship*），*misdǣd* "misdeed"（*mis-+deed*），*ofercuman* "overcome"（*over- + come*），*wīsdōm* "wisdom"（*wise + -dom*）；*bōccræft* "learning"（*book + craft*），*godspel* "gospel"（*good + spell*），*snāhwīt* "snow-white"（*snow + white*），*storm-sǣ* "stormy sea"（*storm + sea*）。派生と複合は現代英語でも普通に見られるが，古英語ではとりわけ生産的に利用されたということである。

❺ 綴り字と発音の一致

　古英語では基本的には綴り字をローマ字読みすればよく，例外的な綴り字規則は限定的である。また，原則として綴られた文字はすべて発音するという点でも不規則性はない。*A*は「ア」であり，*cniht* "knight" は「クニヒト」であり，*climban* "climb" は「クリンバン」である。

第5節　なぜここまで変化したのか

　古英語と現代英語の特徴を表2-1にまとめよう。これらの特徴は本書でも繰り返し取り上げるので，ぜひ頭に入れていただきたい。

　古英語と現代英語を隔てる1000年という期間は決して短くは

表 2-1 | 古英語と現代英語の特徴

古英語の特徴	現代英語の特徴
英語本来の語彙	世界的な語彙
完全な屈折	単純な屈折
文法性	自然性
派生と複合による語形成	豊富な慣用表現
綴り字と発音の一致	綴り字と発音の乖離

ない。しかし,期間としてはおよそ同じぐらい隔たりのある日本語の古文と現代文の差と比較したとき,英語の言語変化の幅の大きさに圧倒される。古英語講読の受講生が外国語を学ぶ覚悟でため息をつきつつ臨まなければならないのは,無理のないことである。表題の「英語は昔から変化していない」が誤解であることは,これ以上指摘する必要もないだろう。

では,英語はなぜここまで大きな言語変化を遂げたのだろうか。日本語にせよ他のヨーロッパの主要言語にせよ確かに変化は経てきたが,その幅は比較的小さい。英語でとりわけ著しい変化が起こったのには理由があるのだろうか。答えはイエスである。言語変化は内的要因と外的要因の組み合わせによって進行してゆく。特に変化の直接の引き金は言語接触であることが多く,英語の顕著な言語変化の背後にも何か濃厚な言語接触があったのではないかと想像できる。そして,実際に英語は諸言語とのあいだで激しい接触を経験してきたのである。言語接触とは無機質な言い方だが,つまるところ英語と諸言語の使用者たる人と人,社会と社会とが衝突し,融合し,現代の英語を形作ってきたのである。

英語には壮大な言語変化のドラマが隠されている。次章からは断片的ではあるがそのドラマを紹介してゆく。読み進めるにあ

たって，古英語と現代英語の対照的な特徴を意識しつつ，次の五つの疑問を常に念頭においていただきたい。
1. なぜ語彙が世界的になったのか？
2. なぜ屈折が単純化したのか？
3. なぜ文法性がなくなったのか？
4. なぜ慣用表現が豊富になったのか？
5. なぜ綴り字と発音が乖離したのか？

第3章
「英語はラテン語から派生した」

第 1 節　英語とヨーロッパ諸言語の関係

　大学の英文科の学生に英語の起源について問うと，英語はラテン語から生まれたという答えが圧倒的に多い。英文科の学生のこの理解は，おそらく一般の英語学習者の理解を代表しているのではないだろうか。ラテン語という言語について聞いたことのない人はいないだろう。ローマ帝国の隆盛を支えた言語で，キリスト教とも強く結びついた言語である。ラテン語はローマ帝国衰退の後も中世から近代にかけてヨーロッパの教会人や知識人のあいだで，リンガフランカとしての役割を担っていた。その役割はちょうど英語が現代世界において果たしている役割と比較される。西洋の文学，哲学，科学，言語に多大な影響を与えたラテン語は，現在ではかつての影響力を薄めているものの，その遺産は西洋のみならず世界中で享受されているといってよい。ラテン語が西洋史上に果たした役割の偉大さゆえに「ラテン語＝西洋文化」という同一視が広く深く定着している。したがって，英語（のみならずヨーロッパのすべての言語）はラテン語から派生したと推測する背景は理解できる。しかし，これは誤解である。

　英語の起源についてもう一つよく言われるのは，英語はドイツ語から生まれたというものである。英語がゲルマン系（Germanic）に属するということを聞いたことがあれば，*Germanic* という語の響きからゲルマン系の祖先はドイツ語（German）に違いなく，したがって英語はドイツ語から生まれたのだ，という推測が成り立ちそうである。実際に英語とドイツ語は言語的に似ているとい

われることが多いので，それに引かれて大学の第2外国語としてドイツ語を選択したという学生の話をよく聞く。ところが，ドイツ語の授業を受けてみたら，英語とあまりに異なるので愕然とした，という話も同じぐらいよく聞く。英語の起源はドイツ語である，というのも誤解である。

　英語の学習者で，英語という言語の起源や，ラテン語，ドイツ語，フランス語，オランダ語など他のヨーロッパ言語との関係を正しく説明できる人はそれほど多くない。しかし，学習している対象の素性を知ることは学習の動機づけにも大きく影響するため，本章では英語のルーツについてじっくりと見てゆく。この章を読めば，インドの主要言語として1億8000万人以上の母語話者を有するヒンディー語や仏典の言語であるサンスクリット語が英語と系統的な関係にあること，2010年4月に火山が噴火して話題になったアイスランドで話されているアイスランド語が英語と近い関係にあること，オランダ北岸の沖に浮かぶフリジア諸島などで話されるフリジア語という無名に近い言語が英語と最も近い関係にある言語であることなどが明らかになる。

第2節　印欧語族の解明

　現代世界には100を超える語族があるとされるが，特によく知られている語族がある。世界最大の語族であり，英語を含むヨーロッパの主要言語を多く包み込む印欧語族（インドヨーロッパ語族；the Indo-European family）である。その系統図は図3-1の通りである。

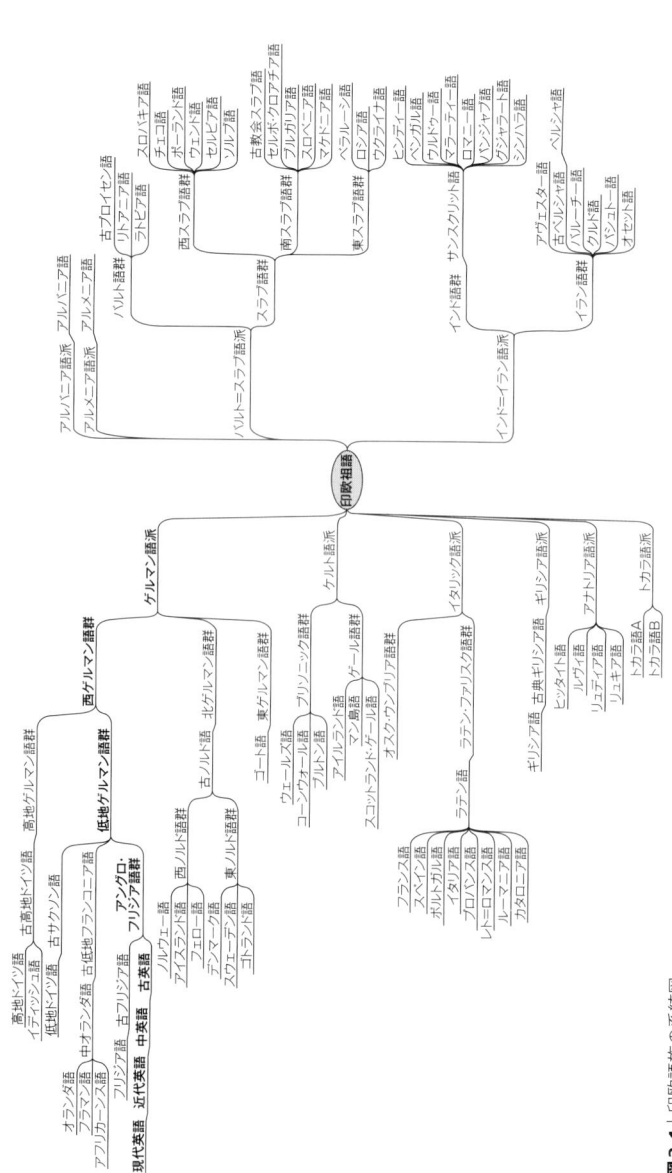

図 3-1 ｜印欧語族の系統図

印欧語族に属する諸言語を生み出したとされる大本の言語「印欧祖語」は現在では失われているが，紀元前4000年頃に南ロシアのステップ地帯に栄えたクルガン文化の担い手によって話されていたというのが有力な説である。この印欧祖語がその後数千年かけて担い手とともに東西南北へ離散し，各地で方言化し，ついには互いに理解不能の諸言語へと分化していった。各枝の末端の個別言語名を眺めればわかる通り，現代世界の主立った言語が軒並み名を連ねている。印欧語族は，実に世界人口の4割以上に相当する29億ほどの人々によって話されている大語族である。母語話者数による言語の順位表でも，トップ10言語のなかで7言語までが印欧語族に属しており，現代世界における影響力が知れよう（第1章の表1-3参照）。

　英語が属する印欧語族については，幸いにも他語族に比べて多くのことが知られている。古い段階の言語を記録した文書が豊富に残っているからである。しかし，古い段階の記録といっても紀元前4000年頃の印欧祖語で書かれた文書は存在しないし，実際には枝葉の所々で文書が欠落しており簡単には印欧祖語の姿を復元できない。それにもかかわらず，系統図では枝葉がしっかり埋まっており，印欧祖語が確たる存在として中央に描かれるのはなぜか。この系統図は何を根拠に描かれているのだろうか。憶測の域を出ないのではないかと疑われるかもしれないが，この系統図の正確さは19世紀に踏み固められた比較言語学という分野における再建と呼ばれる科学的な手法によって保証されている。

　比較言語学とは言語学を科学たらしめた言語学史上の大きな前進だった。1786年，在インド判事でアジア学者の英国人ウィリアム・ジョーンズ（Sir William Jones, 1746-94）が，自ら設立したア

ジア学会の設立3周年記念で歴史的な講演を行なった。ジョーンズによる有名な1節を筆者の日本語訳で引用しよう(下線は筆者による)。

<u>サンスクリット語</u>は,その古さがどれだけのものであれ,素晴らしい構造をなしている。ギリシア語よりも完璧で,ラテン語よりも豊かで,いずれの言語よりも申し分ないほどに洗練されているが,それでいて両言語に対して,動詞の語幹にせよ<u>文法形態</u>にせよ,偶然に生み出されたとは考えられないほどの強い類似性を示している。類似性があまりに強いので,いかなる言語学者もこの3言語がある共通の源——おそらく<u>もはや存在しない</u>源——から生じたと信じずに研究することはできないだろう。

ジョーンズの洞察の鋭さは,下線を引いた3点に見いだすことができる。一つ目は,西洋語とサンスクリット語を結びつけた点である。ギリシア語,ラテン語,その他のヨーロッパ諸語が互いに言語的に関係しているという感覚は,ヨーロッパの複数の言語を習得している者であれば当然持ち合わせていただろう。しかし,ラテン語,ギリシア語はもとよりヘブライ語,アラビア語,ペルシャ語など東洋の言語を含めた多くの言語を修めたジョーンズは(生涯28言語を学習したという!),ヨーロッパ語を飛び越えて古代インドのサンスクリット語までもがラテン語などと言語的に関係しているということを見抜くことができた。現代でも,英語(母語人口で世界第3位)とヒンディー語(第5位)が言語的に関係していることを初めて聞かされれば度肝を抜かれるだろうが,ジョーンズの指摘はそれに近い衝撃を世に与えた。言語ネットワークの広がりがヨーロッパを越えてアジア方面にまで伸長していることがわかったのである。

二つ目には，ジョーンズ以前にヨーロッパ語どうしの言語的類縁に気づいていた人々は，主に語彙的な類縁のことを話題にすることが多かった。ところが，ジョーンズは文法（特に形態論）どうしの類似に着目した。三つ目に，ジョーンズ以前には関連する諸言語の生みの親は現存するいずれかの言語だろうと想像されていた。しかし，ジョーンズは鋭い直感をもって，祖語はすでに死んで失われているだろうと予想した。この直感は後に正しいと証明されている。ジョーンズ自身はこの講演で発表した意見がそれほどの大発見だとは思っていなかったようで，その後，自ら言語間の関係を研究しようと試みた形跡はない。ジョーンズの頭のなかに印欧語の系統図のひな形のようなものがあったとは考えにくいが，彼の広い見識に基づく直感は結果として正しかったことになる。

　このジョーンズの発表を皮切りに，その後ほぼ1世紀をかけて関連諸言語を比較する比較言語学の華々しい歩みが始まった。その19世紀の比較言語学の功績を支えた理論的支柱が，ほかならぬ「再建」の手法である。再建は，現存する言語的証拠を頼りにして失われた言語の姿を復元してゆく手法である。その手法の鮮やかさは，目撃者のあやふやな記憶からモンタージュで容疑者の顔を再現するかのごとくであり，断片的な化石から古生物の姿を復元するかのごとくである。再建はそれ自身のうちに謎解きの魅力を秘めておりロマンを誘うものだが，学術的には二つの重要な役割を担っている。一つは，文書に記録された証拠が欠けていることによる事実の空白を埋め，歴史時代における言語変化を記述すること。もう一つは，最古の文献より以前の言語の姿，究極的には祖語の姿を復元することである。

第3章　「英語はラテン語から派生した」

ある言語の過去の状態を知るためには，現存する文書の言語を詳細に分析することが何よりも肝心である。しかし，現存する文書は歴史の偶然でたまたま現在に伝わったものにすぎず，分析するのに質量ともに不十分であることが普通である。必ず証拠の穴が生じる。その穴を理論的に補完し，復元対象である言語体系そのものや関連する言語変化についての知識を深めることに資するのが，再建である。また，文書が存在する以前の言語の状態を復元するためには，再建という理論的な方法以外に頼るべきものがない。もちろん，再建された言語の状態（あるいはより具体的にある語の形態など）は理論的な復元の産物であり，手放しに信じることはできない。しかし，モンタージュが実用に役立ち，古生物の復元が生物の進化の謎に光を当ててくれるのと同様に，再建形も歴史言語学において有用であり，新たな洞察を促してもくれる。再建の実際については高度に専門的なので本書で論じることはできないが，1世紀にわたる再建の作業の結果，図3-1に示したあの1枚の印欧語族の系統図ができあがったのである。

第3節 ゲルマン語派

　系統図を参照しながら，印欧語族の区分を見てみよう。もともとはおよそ同質的な一つの言語だったと仮定されている印欧祖語は，その話者がアジアからヨーロッパへと東西南北に拡散することによってやがて方言化していった。方言化が進み，話し手たちのあいだの交流が希薄になると，相互理解が不能になり，ついに

は異なる言語へと分化してゆく。こうして印欧祖語はまず大きく数種類の語派へと分かれた。前掲の系統図では印欧語族を10語派に分けている。

　紙幅の都合上，すべての語派を詳細に見ることはできないが，ゲルマン語派については英語が属する語派として詳細に見る必要がある。ゲルマン語派の諸言語は紀元前3世紀頃まではヨーロッパ北部に分布するおよそ一様のゲルマン祖語と呼ばれる言語であったが，徐々に言語的に枝分かれが始まった。まず大きく東ゲルマン語群，北ゲルマン語群，西ゲルマン語群に分かれた。東ゲルマン語群に属するゴート語は現在では死語となっているが，この言語は英語の歴史において二つの点で重要な言語である。

　1点目は，ゲルマン諸語のなかで現存する最も古い文献がゴート語で書かれていることである。具体的には，4世紀にウルフィラ（Wulfila, 311?-82?）という司教によって西ゴート族のために翻訳された聖書の写本が現在に伝わっている。古英語やその他のゲルマン諸語の最古の文献が現われるのは700年頃からなので，ゴート語はそれに先立つこと約4世紀という早い段階のゲルマン語の姿を見せてくれる（ただし写本自体は6世紀のもの）。言語的には最もゲルマン祖語に近いと考えられており，古英語や古英語以前の歴史を知るのにも重要な示唆を与えてくれる。

　2点目は，ゴート語の担い手であったゴート族が，フン族などの異民族とともに4世紀にローマ帝国を崩壊させた歴史的に重要な民族だったことである。ローマ帝国の弱体化によりローマ人によるブリテン島支配が410年に終焉し，そのブリテン島の無政府状態につけ込む形で侵入したのが，英語の話し手であったアングロサクソン人という西ゲルマンの諸部族だったのである。つま

り，大陸ヨーロッパにおけるゴート族の活躍がなければ，ブリテン島に英語は根付かなかったかもしれないということになる。

ちなみに，ゴート語は英語で *Gothic* と呼ばれるが，これは「ゴシック様式」「ゴシック建築」などと用いられる「ゴシック」の語源である。しかし，ゴート人が用いた様式のことを直接的に指すわけではない。ローマ帝国を滅ぼしたゴート族を「野蛮で洗練されていない」部族と評価したルネサンス期の人文主義者たちが，中世にはやった様式を同様に「野蛮で洗練されていない」と蔑視したことに由来する。

次に，北ゲルマン語群に目を移そう。ここに属する諸言語は，現在の北欧諸国の公用語となっているものが多い。8世紀頃まではおよそ一様の古ノルド語と呼ばれる言語だったが，それ以降に分化し，現在の分布へと発展した。古ノルド語は8世紀半ばから11世紀にブリテン島を含めヨーロッパ中を混乱に陥れたヴァイキングの話していた言語であり，ブリテン島への侵略と定住を通じて英語とも深い関わりをもつ。ブリテン島のはるか北に浮かぶアイスランドではアイスランド語が，デンマーク領フェロー諸島ではフェロー語がそれぞれ話されている。

最後に，英語を含む西ゲルマン語群である。この語群は，高地ゲルマン語群と低地ゲルマン語群に2分される。ヨーロッパ北半では南にゆくほどアルプスが近いので標高が高く，北にゆくほど海岸に近いので標高は低い。したがって，高地ゲルマン語群はおよそ大陸内部，低地ゲルマン語群は海岸・島嶼部と考えればよい。現在も広く外国語として学ばれている標準ドイツ語は，正式には高地ドイツ語と呼ばれ，高地ゲルマン語群の一員となっている。一方，低地ゲルマン語群はおよそ北海沿岸部に分布し，東か

ら西にかけて，低地ドイツ語，オランダ語，英語といった言語が並ぶ。低地ドイツ語は呼称に「ドイツ語」が含まれており，実際，現在はドイツの北部で話されるドイツ語の方言として認識されているが，比較言語学上は，高地ドイツ語よりも英語のほうに関係が近いということになる。オランダ語からは，17世紀にオランダが南アフリカを植民地化した際に持ち込まれ，独自の発展を遂げたアフリカーンス語と呼ばれる言語が派生している。

英語は低地ゲルマン語群の言語として最も西に分布するが，ブリテン島へ移動する前の故地はドイツ北部やデンマークにあった。そこから北海を臨んですぐの沖合いには東西にフリジア諸島が点在しており，そこでは現在に至るまでフリジア語という言語が話されている。知名度の低いこの小言語は，実は英語と比較言語学上最も近い姉妹言語である。古い段階の英語とフリジア語を比較すれば，それこそ方言どうしともいえる類似性を示す。血を分けた言語どうしにもかかわらず，かたや話者人口15億以上の世界言語に成長し，かたや50万ほどの小言語のままであるから，歴史というのはおもしろい。

以上，ゲルマン語派の諸言語を概観したが，ゲルマン語派と他の語派との系統的な関係についても図3-1をじっくり眺めて，諸言語の系統的な位置づけを確認していただきたい。系統図を見れば明らかだが，英語は決してラテン語から派生したのではない。確かに印欧語族全体の視点から見れば，英語とラテン語は系統的に無関係ではない。しかし，直接つながっていないことは確かだし，これくらい関係が離れていれば実質的には赤の他人と考えてよい。また，英語はドイツ語から生まれたのではないこともはっきりする。確かに一つの見方によれば同じ西ゲルマン語派に属す

る言語として近いともいえるが，別の見方によれば一方は低地ゲルマン語群，他方は高地ゲルマン語群と異なるのである。

第4節 系統と影響

　英語と諸言語の関係についての誤解はおよそ解けただろうが，こうした誤解の多くは「系統」と「影響」とを混同していることによるものが多い。「系統」とは比喩的にいえば血縁の関係であり，親子，姉妹，親戚といった用語で示されるような関係である。系統図に従って「フランス語はラテン語から生まれた」「英語とフリジア語は姉妹（の子孫）である」「英語とオランダ語は低地ゲルマン語群内で親類関係にある」などと表現することができる。系統的に近ければ，見た目も似ている傾向があるのは，生物の場合と同じである。だが，血がつながっていたとしても数世代たてば外見や性格の著しく異なる個体が現われることも珍しくない。それでも，よくよく血液検査をすればつながりがあることはおよそ明らかになる。このような関係が「系統」である。

　一方で「影響」は，血縁とは別次元の問題である。血のつながりのない知人から受ける影響ということを想像するとよい。ある知人と親交が深まれば，見た目や考え方もその知人に似てくるものである。ここで知人とは同時代に生きている人物だけではなく，かつて生きていた偉大な人物であってもよい。後者の場合，その人物の残した書物などにより影響を受けるということになる。言語に置き換えれば，地理的に隣接しているために直接に接

触する場合であれ，書物などによって間接に接触する場合であれ，血縁関係のない言語どうしが影響を授受することは十分にありうる。ラテン語と英語の関係は（前者から後者への1方向だが）このような「影響」の関係である。英語にとってラテン語は系統的には限りなく赤の他人に近いが，古英語以来，ラテン語の語彙は文物を通じて英語へと浸透していった。結果として，英語は特に語彙において半ばラテン語さながらといってよい状態となった。この類似が親子関係やその他の血縁関係（系統）によるものではなく，いわば師弟関係（影響）によるものであることは，しっかりと区別して理解しておく必要がある。

　系統と影響の峻別を強調したばかりだが，実のところ両者の区別は案外と曖昧であるという点も指摘しておきたい。語彙や文法において互いに類似した言語Aと言語Bがあったと仮定しよう。この類似が「系統」によるもの（両言語が共通の祖語をもつ）なのか「影響」によるもの（例えば言語Aの話者が言語Bの話者を文化的に征服した）なのかを知るには，先に言語Aと言語Bに関する歴史的な背景がわかっていなければならない。英語がラテン語から多数の借用語を取り入れてきた事実を例にとろう。英語に入って定着した借用語彙と，借用元のラテン語彙を比較すると，両者は当然ながら形態的にほぼ同一である。この点のみで判断する限り，両者の類似が系統によるものなのか影響によるものなのか，本来わからないはずである。これが借用という言語的影響の結果であると断言できるのは，英語文化がラテン語文化から影響を受けてきたという歴史の事実を先に知っているからである。こうした鍵となる知識がもし得られないとすれば，両者の関係が系統なのか影響なのかを判別することは難しい（もっとも，言語内的な観察だけでも

直接的な系統関係の有無はある程度はわかる)。

　概念上は「系統」という縦軸と「影響」という横軸を区別しておくのが便利だが，現実的には両軸が必ずしも直行する対立軸であるわけではない。生物の系統関係の究明にはDNAという動かぬ物質的証拠があるが，言語の系統にはDNAに対応するものはない。英語がラテン語やフランス語の語彙を大量に借用している事実を指して「英語は表面的にはイタリック系だが根っこはゲルマン系だ」などというときの「根っこ」が何であるかは実はよくわからない。見方によっては系統上の所属が変わることすらありうるのが，生物と言語の大きな違いだろう。

第4章 「英語は純粋な言語である」

第1節 言語の純粋さ

　これまでの章で何度か言及してきたが，現代英語の語彙の相当部分は借用語で成り立っている。実に350以上の言語から語彙を借用してきており，この点だけをとっても英語が純粋な言語であるという主張が誤解であることは明らかである。しかし，英語が純粋であるという印象を抱いている英語学習者は少なくない。

　そもそも純粋な混じりけのない言語とは虚構である。程度の差はあれ，どの言語も他言語との交わりのなかで発展してきたと考えてよい。借用語のない言語は存在しないし，一見存在しないように思われても，数千年遡った段階で近隣の言語と交わっていた可能性は否定できない。また，言語と方言の区別は言語学で未解決の古典的な問題であることを考えると，方言どうしの交わりですら見方によっては言語どうしの交わりといえる。ある言語や方言が純粋であり続けることはきわめて困難なことであり，もし真の意味で純粋な言語があるとすれば，それは人類によって最初に発せられた言語ぐらいではないだろうか。

　この観点からすると，前章で論じた印欧語族も一種の虚構であるといえるかもしれない。というのは，印欧語族の系統図は印欧祖語から始まる万世一系を表現しているからである。「系統」を示す縦のつながりが明示され，各言語の純血と正統が前提とされており，「影響」を示す横や斜めのつながりが一切ないかのように図式化されている。

　純粋な言語が存在しないということを理解したとしても，現実

的には言語の純粋さは問題になる。他民族の雑種に対する自民族の純血など，イデオロギーの問題が言語の問題へ投影されるからである。日本語を例にとろう。西洋の言語からの借用語の流入は戦前から現在まで一気に拡大してきたが，その拡大の裏ではしばしばカタカナ語への反発という議論があった。しかし，漢語については反発があったということをほとんど聞いたことがないのは不思議である。漢字や漢語そのものが中国語という外国語からの借用であるにもかかわらず，である。問題となる時代が異なるだけで，カタカナ語も漢語も日本語がよそから借用してきたものであり，その意味で日本語は純粋どころかきわめて雑種の言語である。それなのに日本語は純粋でなければならないと信じ込む。これは，言語の問題へ投影されたイデオロギーの問題といってよい。

　同じことは英語についても当てはまる。語彙について考えると，本来的で純粋な語彙と考えられるゲルマン系の単語の割合は，ある推計によると実に3割程度にすぎない。残りの約7割は借用語であるから，純粋どころの話ではない。7割を占める借用語の内訳も，非常に多数の言語が名を連ねており，英語語彙は質量ともに雑種といえる。語彙に関する限り，英語はもはや堂々とゲルマン系と名乗ることができないほどである。

　しかし，英語語彙の全体ではなく基本語彙にしぼると，ゲルマン系の語の割合は非常に高い。語彙頻度表に基づき基本100語の語源別の内訳を調べると，英語本来語が92語までを占め，借用語はわずかである。借用語8語の内訳は，古ノルド語由来の語が5例（*they, she, take, get, give*），フランス語由来の語が3例（*state, use, people*）である。ただし *she* の語源に関しては諸説があり，借

用語としてみなすべきかどうかは議論が分かれる。また *get* と *give* については、語頭子音［g］こそ古ノルド語形に由来するといってよいが、対応する語は古英語にもあり、見方によっては英語本来語とも考えられる。ここでは、いずれも古ノルド語由来として数えた。

　ところが、基本語彙600語で同様の調査を行なうと、本来語は5割を切る（図4-1参照）。英語語彙が明確にゲルマン系であるといえるのは、せいぜい基本中の基本といえる最頻数百語レベルの語彙にとどまるといえる。

　借用は上で述べてきたような語彙レベルに限定されるわけではない。発音、形態、統語、意味、語用、綴り字などの諸部門でも、ラテン語、フランス語、古ノルド語などから借用されたと考えられる項目はいくつかあり、英語は語彙のみならず全体として純粋と呼ぶにはほど遠い言語といってよい。ただ、言語のなかでも語彙は他の部門に比べて貸し借りの行なわれやすい部門であ

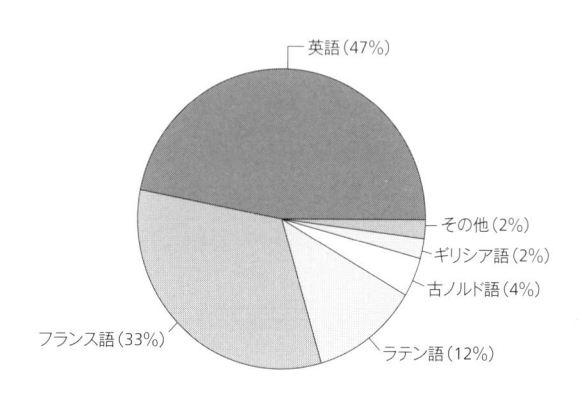

図4-1｜基本600語の語源別内訳（Hughes, *A History of English Words* より作成）

り，言語の純粋さに関する議論でも中心的な論題となることが多いので，次節以降では，語彙にしぼって英語の雑種性を見てゆくことにする。

第2節 英語の雑種性

　言語において純粋はありえず，程度の差はあれ借用などによる雑種が常態である。しかし，それにしても英語の雑種の度合いは著しい。英語の借用語全体における各借用元言語の貢献度を数値で示そう。図4-2は世界最大の英語辞書である『オックスフォード英語辞典』（*The Oxford English Dictionary*）の調査結果をまとめたものであり，算出対象とされた借用元言語は75言語，借用語総数は約17万語である。円グラフは現代英語の借用語全体を100%

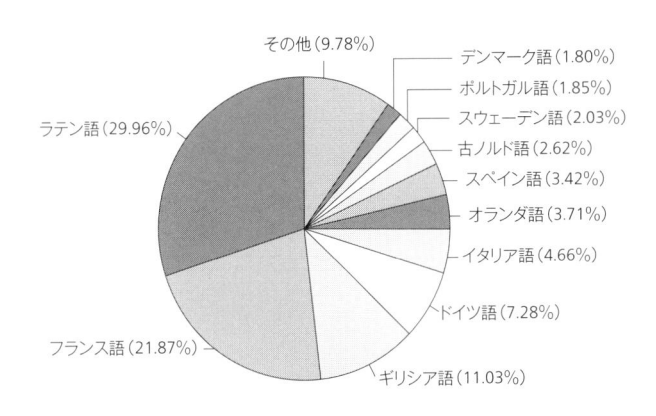

図4-2｜英語借用語の語源別内訳（Hughes, *A History of English Words* より作成）

その他（9.78%）
デンマーク語（1.80%）
ポルトガル語（1.85%）
スウェーデン語（2.03%）
古ノルド語（2.62%）
スペイン語（3.42%）
オランダ語（3.71%）
イタリア語（4.66%）
ドイツ語（7.28%）
ギリシア語（11.03%）
フランス語（21.87%）
ラテン語（29.96%）

としたときの各借用元言語の比率を示している。

　少数の主要な借用元言語が借用語の大多数を供給している実態がよくわかる。語派でいうと，イタリック語派の存在感が圧倒的である。ラテン語とフランス語で5割を超えるし，イタリア語，スペイン語，ポルトガル語を合わせると6割を超える。ここに，イタリック語派ではないが古典語としてラテン語と一緒に扱われることの多いギリシア語を加えると，実に借用語の7割以上がラテン・ギリシア系諸語から発していることになる。

　借用は，言語どうしが接触しなければ起こりえない。近隣の言語であれば直接に接触するということは理解できるが，借用元言語を眺めると，イギリスには地理的に隣接していない地域の言語，一見すると英語とは関係の薄そうな言語も含まれている。イギリスの言語であった英語がこれらの言語とどのように接触したのだろうか。この問題を考えるには，イギリスの歴史をひもとく必要がある。以下では，あまたある借用元言語のなかで英語史上特に重要な5言語，ケルト語，ラテン語，古ノルド語，フランス語，ギリシア語との接触の歴史を，英語そのものの起源とともに概説する。

第3節　征服の歴史

　ブリテン島が諸民族による移住と征服の島であることは，英語の歴史を考える際にも非常に重要な意味をもつ。およそ1100年の古英語の終わりまでに，ブリテン島の人口は少なくとも五つの

民族の混種となっていた。そして，各民族が話していた言語は様々な形で英語に痕跡を残してきた。本節では，1100年までに生じた主要な民族流入の歴史を概観することで，ブリテン島，ないしはイギリスという国が民族的にも言語的にも混種そのものであるということを示したい。

1　ケルト人とケルト語

　ブリテン島には45万年前より人間が住み着いていた形跡がある。それ以降，大陸からブリテン島への人々の移住が休止することはなかったが，伝統的な見解によると，紀元前1千年紀に大陸で進んだ鉄器文化を発展させていたケルト系の戦士集団がブリテン島へ入り込み，ケルト文化をもたらしたとされる。これらのケルト文化の担い手たちは，ケルト語派ブリソニック語群の諸言語を発達させた。ブリソニック語群の一つウェールズ語は現在でもウェールズ地方で英語と並んで話されている。また，もう一つブリソニック語群に属するブルトン語 (Breton) は，もともとブリテン島で話されていた言語だが，後にゲルマン人の移住によってブリテン島から追い出され，海峡を越えてフランス側へ渡った言語である。フランス北西部のブルターニュ地方 (Bretagne) の名は，このブルトンと同根である。

　ケルト語が英語文化に残した最も顕著な遺産は，ブリテン島内の地名である。ウェールズやスコットランドは現在までケルト文化を色濃く保っているが，ケルト人が後に追い出されたイングランドにもケルト地名は豊富に残っている。例を挙げれば，*Avon*（川），*Devon*（深み），*Kent*（縁，角），*Thames*（黒い川）などがある。

こうした地名は，地名語彙として英語にそのまま組み込まれているが，地名を除けばケルト語の英語への語彙的な貢献は僅少である。*bard*（吟遊詩人），*bin*（ゴミ箱），*brock*（アナグマ），*clan*（氏族），*slogan*（スローガン），*whiskey*（ウィスキー）など，ケルト諸語から散発的に英語へ借用された語もあるが，全体としては目立たない。しかし，近年ケルト語から英語への文法的な影響が盛んに議論されるようになってきており，ブリテン島の文化の古層を形成するケルトの文化と言語について，今後の研究の進展が注目される。

2　ローマ人とラテン語

　ブリテン島では長らくケルト人によるケルト文化が栄えたが，その繁栄に衝撃を与えたのが紀元前後のローマ帝国の侵攻だった。紀元前55年から54年にかけて，ユリウス・カエサル（[Gaius] Julius Caesar；101-44BC）がローマからブリテン島へと軍を進めた。ヨーロッパの辺境であるブリテン島を版図に入れようという狙いだったが，このときにはローマ軍はブリテン島攻略に失敗する。約100年後の紀元43年，時のローマ皇帝クラウディウス（Claudius I, 10BC-AD54）は改めてブリテン島へ進軍した。この攻略は成功し，現在のスコットランド地方を除くブリテン島の大半はローマ軍の手に落ちた。ローマ軍は後にもスコットランド侵攻を何度か試みたが，そのたびに頑強な抵抗に遭い失敗した。その結果，2世紀前半のハドリアヌス皇帝（Publius Aelius Hadrianus, 117-38）の時代に，スコットランドとの国境を示すハドリアヌスの長城（Hadrian's Wall）が東西に敷かれた。

こうしてブリテン島の大半はローマ世界に組み込まれることになった。とはいっても，ラテン語は支配者たるローマ人にこそ用いられていたが，被支配者たる島内の住民のほとんどはいまだケルト語話者であった。その意味ではブリテン島が必ずしもラテン語の島になったわけではなかったが，ラテン語は島内の公用語として，また当時のヨーロッパの先進文化を体現する言語として威勢を誇ったため，ケルト系住民からも一定数のバイリンガルが生まれた。ラテン語を媒介としてキリスト教とローマ字がもたらされ，ブリテン島はケルト世界とラテン世界の並存する島になった。こうして始まったブリテン島とラテン語の交わりは，これ以降，現在に至るまで断絶することなく連綿と続いている。

3　アングロサクソン人と英語

　ここまでのブリテン島の歴史で注意したいのは，ブリテン島にはいまだ英語の「え」の字も現われていないことである。前述のローマによる支配は350年余り続いたが，そのあいだ英語はまだブリテン島に足を踏み入れていない。では，どのように英語がブリテン島にもたらされたのだろうか。

　410年，ローマはゴート人などによる脅威にさらされていた本国の防衛のために，ブリテン島から軍を引き上げた。ブリテン島などという辺境を維持している余裕がなかったのである。こうしてブリテン島南部はケルトの地へ回帰したが，北方のピクト人などがローマ軍の撤退につけ込んだ。さらに大陸からは民族移動の余波に乗ったゲルマン系諸部族がブリテン島の政治的空白につけいって侵攻した。時に449年のことである。このゲルマン系諸部

族とは具体的には西ゲルマン語群に属するアングル人，サクソン人，ジュート人を指し，もともと現在のドイツ北部からデンマークにかけて分布していた互いに近い関係にある部族である（図4-3参照）。この一群にはフリジア人やフランク人も含まれていた可能性がある。

　これらの部族はみな方言関係にある類似した言語を話しており，これがブリテン島に持ち込まれ，後にひとくくりに英語と呼ばれるようになった。*English* とは *Angle*（アングル人）に接尾辞 *-ish* を付加した派生語であり「アングル人の（言語）」ほどの意である。また，彼らの定住した地域は後に *England* と呼ばれることになったが，これも *Angle* + *land*「アングル人の土地」の意である。3部族のなかでなぜアングル人が言語名や国名の代表として選ばれたかについては3部族内の政治的な力関係によるところが大き

図4-3 ｜ アングル人，サクソン人，ジュート人の移住

068

いようである。一方「アングロサクソン系」という表現にはサクソン人の名も含まれている。本来は「アングロ・サクソン」とは，ブリテン島に渡った3部族がドイツ北部などの故知にいまだ残っていた親類「オールド・サクソン」と区別するための呼称だったが，後に3部族を広くまとめて指す民族名として用いられるようになった。

アングル人とサクソン人が中心となって移住し，ジュート人など他の西ゲルマン語群の諸部族も加わりつつ，後に英語と呼ばれることになる言語がブリテン島に持ち込まれた。ブリテン島における英語史の開始である。

4 ヴァイキングと古ノルド語

5世紀半ば以降，ブリテン島にやってきた西ゲルマン語群の諸部族がケルト住民に代わりこの島の主となった。彼らは先住民のケルト文化とともにケルト人を辺境に追いやっただけではなく，過去350年間育まれてきたローマ文化をも壊滅させた。非キリスト教徒であったアングロサクソン人はローマ時代に建てられたキリスト教会を破壊し，ローマ字の伝統を無視し，ブリテン島は一時未開状態へと退行した。しかし，アングロサクソン王朝が開かれ熟してきた6世紀以降，改めてローマよりもたらされたキリスト教を通じて再度ローマ世界の文化的影響が感じられるようになってくる。こうして一旦自らが壊したキリスト教やローマ字を，アングロサクソン人は改めて受け入れたのだった。

アングロサクソン王朝は新たに受容した大陸の先進文化により栄え始めたが，そこに待ったをかけたのが北欧出身のヴァイキン

グである。ヴァイキングは8世紀半ばから11世紀にかけてヨーロッパを席巻した北ゲルマン語群の話者で，現在の北欧諸語の祖である古ノルド語を話していた。英語と古ノルド語は広い意味では同じゲルマン語派に属し，話者どうしも文化的に共有するところが多く，大陸での故地が隣接していたこともあり，おそらく互いに通じ合えただろうと言われている。だが，ヴァイキングは臆することなく，同胞アングロサクソン人の住んでいるブリテン島をも侵略の対象とした。

　ところで，ヴァイキングというと野蛮な海賊のイメージがあるかもしれないが，一旦侵略が落ち着くと，その土地に静かに定住し，先住民と平和裏に融和する傾向が強かった。8世紀以降にブリテン島へ侵攻したヴァイキングは島の北部・東部に定住し，以降は周囲のアングロサクソン人と比較的平和に共存した。もともとは同族であるから，兄弟のように喧嘩し，兄弟のように仲直りしたと考えられる。ヴァイキングは結果的にはアングロサクソン人に溶け込み，同時に古ノルド語も英語に溶け込んだ。英語側から見れば，古ノルド語的な要素が英語に流れ込んだということになる。

　古ノルド語が英語に与えた影響は特異である。英語の地名や人名に貢献したほか，本来語の基本語彙や，代名詞，接続詞，前置詞のような機能語を置き換えるなど，英語の根幹部分に多大な影響を与えた。地名としては，ヴァイキングがとりわけ多く定住したイングランドの北部・東部において，実に1400もの地名が古ノルド語に由来している。

　英語の人名には，*Johnson*, *Wilson* など *-son* のつく名が多いが，「〜の息子」という名付けに *-son* を付加するのは北欧語の伝統で

ある。英語本来の対応する接尾字は *-ing* であり，これは *Browning* などの人名に残る。ちなみに，アイルランド語では *O'Bryan* などの *O'-*，スコットランド・ゲール語では *McArthur* などの *M(a)c-*，フランス語では *Fitzgerald* などの *Fitz-* に見られるように，「息子」を用いた名付けの習慣（父称）は近隣の諸言語にも見られる。

　固有名詞以外の一般名詞でも大量の古ノルド単語が英語に入り込み，900語ほどが現代標準英語の語彙に定着している。その大部分が基本語や機能語であり，英語語彙の中枢にまで古ノルド語が入り込んでいることがわかる。以下の単語リストは，古ノルド語由来の単語を，100万語からなるテキスト資料 Brown Corpus での出現頻度に基づいて上位10語まで抜き出したものである。かっこ内に総合頻度順位を示した。

　they（13），*she*（19），*take*（60），*get*（66），*give*（75），*seem*（106），*both*（125），*call*（129），*same*（139），*want*（149）。

　いかに基本語や機能語が多いかがわかるだろう。*Though they are both weak fellows, she gives them gifts*（彼らは二人ともへなちょこな奴だが，彼女は彼らに贈り物をする）という英文では，10語すべてが古ノルド語に起源をもつ。英語であって英語でない文を作ることが可能なほどに古ノルド語は英語語彙に深く浸透しているのである。もう一つ付け加えれば，英語の *come across*，*give up*，*look forward to*，*stand by*，*take after* などの句動詞の発展も，古ノルド語の語法の影響があるとされる。現代英語の特徴の一つでもある慣用表現の増加に貢献した古ノルド語の役割は大きいといえるだろう。

5　ノルマン人とフランス語

　8世紀半ば以降，断続的にヴァイキングの侵攻を受け，北欧王朝に乗っ取られる一幕もあったが，アングロサクソン王朝は11世紀前半まで存続した。しかし，その頃イギリス海峡を越えて南側，フランスのノルマンディではイングランド王位を狙う貴族が軍隊を整え始めていた。当時イングランド王だったエドワード証聖王（Edward the Confessor, 1003?-66）は継嗣がおらず，王位に名乗りを上げる者が方々から現われていた。イングランド国内で正統とされたのはエドワードの義弟ハロルドである。ノルウェーのハーラル（Harald III, 1015-66）も名乗りを上げ，両者はイングランド北方で会戦したが，その隙を突いてノルマンディのウィリアム（William I, 1028?-87）がイングランド南岸に上陸した。ハーラルを倒したハロルドは急遽南へ引き返し，ヘイスティングズ（Hastings）にてウィリアムと対決。天下の争いは，ノルマンディのウィリアムに軍配が上がった。時に1066年のことである。英国史上最大の事件であるこのノルマン征服（Norman Conquest）の様子は，フランスのバイユーに保管されているタペストリに詳細に描かれている。

　ノルマンディを治めていたウィリアムとその一族は，数世紀前にブリテン島を襲ったのと同類のヴァイキングの末裔である。フランス北岸を襲ったヴァイキングは，ブリテン島を襲ったヴァイキングと同様に，やがて当地に定着していった。ノルマンあるいはノルマンディという名は *north + man* の複合語に由来し，かれらが北方起源のヴァイキングであることを示している。したがって，イングランドにとってみれば2度にわたってヴァイキングに

攻められたことになる。1度目は直接にデンマークやノルウェーからのヴァイキングによって、2度目はノルマンディに定着し、フランス化していたヴァイキングによってである。しかし、2度目の衝撃は1度目とは異質だった。というのは、フランス文化にいち早く馴染んでいたノルマンディのヴァイキングは、その地に定着するに及んで母語であった古ノルド語を早々と捨て、フランス語のノルマンディ方言を習得していたからである。ウィリアムが1066年のクリスマスの日にイングランド王として即位したときも、ウィリアム本人と取り巻きの者たちは英語を話さない、フランス語ノルマン方言の話者だったのである。この「訛った」フランス語を話すノルマン人による王朝と、それを引き継いだプランタジネット王朝は、次の250年ほどのあいだフランス語によってイングランドを支配した。イングランドはフランス語を公用語とする国となったのである。

　ただし、フランス語が公用語とはいってもイングランドの言語人口構成が大きく変わったわけではない。支配者たる王侯貴族こそみなフランス語話者であったが、9割以上のイングランド庶民は相変わらず英語を話し続けていた。フランス語は政治・法律・文化などにおける高尚な言語として、英語は日常の卑俗な言語として明確な区別があった。特にアングロサクソン系の高位の人々にはバイリンガルも多かったが、圧倒的多数の庶民は英語のみを話し続けていたのであり、公用語の看板こそフランス語に掛け替えたが、イングランド全体としては英語の国であることに変わりなかった。

　ノルマン征服の英語史上の意義は二つある。一つはフランス語の圧倒的な権威のもとで、英語が卑しい言語として地下に潜っ

ことである。古英語期にはイングランド南西部で話されていたウェストサクソン方言がイングランドの標準語として機能しており，古英語の文書が多く作成されていた。英語はれっきとした一国の標準語として権威ある社会的機能を果たしていたのである。ところが，突然やってきたフランス語がその権威ある地位を奪ったため，英語の地位は一気に下がった。英語でものが書かれる機会は減少し，公的な文書や文学は主としてフランス語で書かれることとなった。英語は庶民の口から消えることはなかったが，書き言葉としては一時ほぼ消えた。

　英語はこうして地下に潜ったが，この事実は英語の言語変化が進行してゆくのに絶好の条件を与えた。現代の状況を考えれば想像できるだろうが，書き言葉の標準があり，そこに社会的な権威が付随している限り，言語はそう簡単には変わらない。書き言葉の標準は言語を固定化させる方向に働き，変化に対する抑止力となるからである。しかしいまや英語は庶民の言語として自然状態に置かれ，チェック機能不在のなか，自然の赴くままに変化を遂げることが許された。どんな方向にどれだけ変化しても誰からも文句を言われない，いや，そもそも誰も関心を寄せることのない土着の弱小言語へと転落したのだから，変わろうが変わるまいがおかまいなしとなったのである。

　ノルマン征服のもつ英語史上のもう一つの意義は，これを機に大量のフランス借用語が英語に流れ込んだことである。フランス借用語の流入は，これ以降今日まで絶え間なく続いており，英語史全体で2万語近くが入ってきたという統計がある。だが，常に同じペースで流入してきたわけではない。図4-4は，アルファベットの各文字で始まるフランス借用語のうち最初の100語を抽出

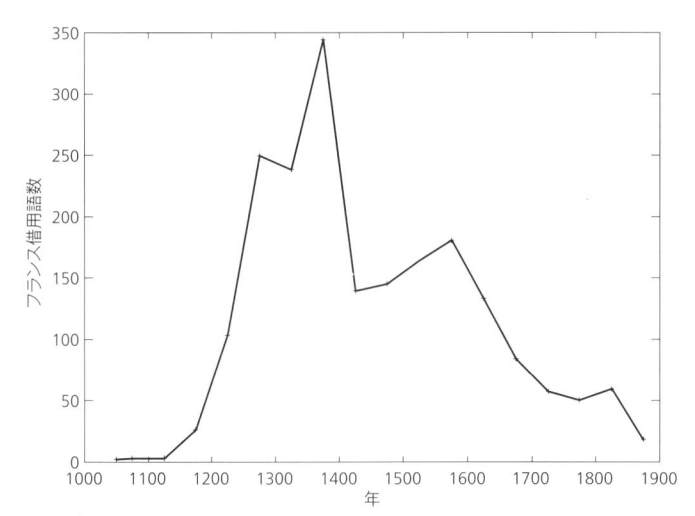

図 4-4 | フランス借用語の流入（Jespersen, *Growth and Structure of the English Language* より作成）

し，その初出年で振り分けた統計に基づいたグラフである。フランス語借用の歴史を示す目安として捉えたい。

　フランス語が大量に流入した結果，中英語の終わりまでには英語の語彙構造は古英語のそれから大きく変化していた。現代英語の語彙構成は，本来の英語や古ノルド語の借用語などを含むゲルマン系が約3割に対し，フランス語とラテン語を中心としたイタリック系が5割から6割にも及んだ。最頻語に限ればゲルマン系が多いとはいえ，語彙的にはもはや英語を純粋なゲルマン系の言語と呼ぶことはできない。フランス語は語彙のほか，発音，形態，統語，意味，語用，綴り字の各部門においても英語に顕著な影響を及ぼしている。

以上がブリテン島への5民族の移住・征服と各言語の英語史上の意義であるが、もう一つ触れておきたい主要言語としてギリシア語がある。近代英語期以降、文献を通じて古典ギリシア語由来の単語が大量に英語に流入した。学問用語や専門用語が多く、現在でも古典ギリシア語に由来する *bio-*、*eco-*、*-logy* などの接辞は生産的である。また、ラテン語自体が古典ギリシア語から多くの単語を借用しており、英語はそれらをラテン語から直接、あるいはフランス語経由で借用しているので、英語のなかには予想以上にギリシア語起源の単語が多い。例えば、*drama*（演劇）、*museum*（博物館）、*photo*(*graph*)（写真）、*topic*（題目）はいずれも身近なギリシア借用語である。

　本節では歴史的な文脈から英語に語彙的な影響を及ぼした代表的な言語を取り上げた。しかし、これ以外にも多くの言語が英語に影響を与えてきたことを忘れてはならない。特に近代英語期以降は、イギリスが海外へと進出し、アメリカ、アフリカ、アジア、オセアニア等に植民地を獲得し、世界帝国へ発展してゆく過程で世界中の幾多の言語と接触し、借用語を受容してきた。イギリスは征服される国から征服する国へと姿を変えたが、外国語から語彙を借用するという癖は近代までにすっかり定着しており、今日に至るまで借用が絶えたためしはない。英語の語彙が世界的であるということ、英語が雑種な言語であるということがイギリスの経てきた歴史と密接に関わっているということが、具体的に見えてきたのではないだろうか。

第4節 多層の語彙

1　英語語彙の3層構造

　類似概念を表わすのに二つ以上の語が存在するという状況はどの言語にも存在する。完全な同義語が存在することは珍しいが，少し条件を緩めて類義語ということであれば，どの言語にも存在するものである。とはいうものの，英語の類義語の豊富さは，他の主要言語と比べても目を見張るものがある。このことは類義語辞典（thesaurus）を開いてみれば一目瞭然だろう。英語史の観点から類義語の豊富さを説明すれば，それは英語が多くの言語と接触してきたという事実に帰せられる。異なる言語から対応する語を少しずつ異なったニュアンスで取り入れ，語彙に蓄積していったために，結果として英語は類義語の宝庫（thesaurus）となったのである。

　英語の類義語を語源別にふるい分けてみると，英語語彙に「層」があることが見えてくる。英語の典型的な類義語のパターンとして3層構造とでも呼ぶべきものがある。下層が本来語，中層がフランス語，上層がラテン・ギリシア語という階層である。表4-1の例を見てみよう。

　下層語彙は，日常的で基本的な「レベルの低い」語彙だが，一方で暖かみと懐かしさがある。本来のゲルマン系の語彙であるから，故郷の暖かみと懐かしさが感じられるのは不思議ではない。中層語彙は多少なりとも洗練，権威，教養を感じさせる語が多いが，庶民の手が届かないほどレベルが高いわけではない。実際

表4-1 │ 英語語彙の3層構造

意味	英語本来語	フランス語	ラテン・ギリシア語
尋ねる	*ask*	*question*	*interrogate*
本	*book*	*volume*	*text*
美しい	*fair*	*beautiful*	*attractive*
しっかりした	*fast*	*firm*	*secure*
敵	*foe*	*enemy*	*adversary*
助け	*help*	*aid*	*assistance*
王の	*kingly*	*royal*	*regal*
上がる	*rise*	*mount*	*ascend*

に，中英語期に借用されたフランス語彙のなかには特別な権威を感じさせず，十分に庶民化したといってよい次のような語も少なくない。*face*（顔），*finish*（終える），*marriage*（結婚），*people*（人々），*story*（物語），*use*（使う）。上層語彙には，学問と宗教の言語，権威を体現したような言語であるラテン語やギリシア語からの借用語が控えている。語の響きとしては厳格で近寄りがたく，比較的音節数の多いのが普通である。

このように，語彙の3層構造が歴史的に育まれてきた英語では，階層間の使い分けが問題になる。特に微妙な意味の差や適切な使用域の見極めが肝心である。例えば日常会話では下層や中層の語彙がふさわしいが，学術論文では中層や上層の語彙を駆使する必要がある。*Can I ask you?* と気軽に尋ねるべきところを *Can I interrogate you?* では場違いだろう。

同様に，英語にはなぜ本来語からなる句動詞と借用語1語との言い換えが多く存在するのかということも，語彙の層別によって説明される。*come across*（偶然見つける），*give up*（降服する），*look forward to*（期待する），*stand by*（支持する），*take after*（似ている）はいずれも本来語（*give* を古ノルド語由来とみなしても，少なくともゲルマン系の語とはいえるだろう）からなる句動詞だが，それぞれを1語で書き換えたフランス語やラテン語からの *discover, surrender, expect, support, resemble* は若干レベルが高い。後者のような借用語を欠いていた古英語では，本来語の要素を組み合わせて再利用する派生や複合に頼っていた。句動詞の発生は，本章第3節第4項で触れた通り古ノルド語の影響があったとしても，古英語の造語法の延長線上にあったことは間違いない。そして，このような本来語的な句動詞という表現法の上へ，フランス語やラテン語の厳かな語彙がかぶさってきたのである。借用語との対比により，句動詞などの本来語的な表現の多くはレベルの低い下層の表現として自らの存在意義を見いだし，現代英語にまでその日常的・口語的な響きを伝えている。

　近年，英語母語国ではラテン語などの古典教育が衰退しており，結果として英語のなかの上層語彙を学ぶ機会が減り，語彙層の適切な使い分けが以前ほどできなくなってきているといわれる。語彙の多層性は，英語母語話者のみならず英語学習者にとっても厄介な問題である。異なる階層の類義語どうしのあいだに語源的・形態的なつながりがなく，関連づけるにはほぼ丸暗記しかないからである。しかし，英語の語彙の多層性を多くの言語との接触の「せいで」と考えるか「おかげで」と考えるかは，学習者の表現欲求にかかっている。筆者は，意味や使用域の違いがあるということは使い分けさえ習得すれば豊かな表現力を生み出せるということであり，英語語彙のこの特徴は英語史の負の遺産ではなく正の遺産として積極的に捉えるべきだと考えている。使い分

けられる語彙層があるということは，それだけ豊かな言語である証拠ではないだろうか。

2　日本語語彙との類似

　類義語の豊富さに関しては，英語は他の主要言語と比べても特異だと述べた。しかし，興味深いことに英語と日本語はこの点でよく似ているのである。英語では，英語（本来語），フランス語，ラテン・ギリシア語の3層構造をなしているが，日本語では，和語（本来語），漢語，西洋語の3層構造をなしている。表4-2で日本語の例を見てみよう。

　英語の下層を構成する本来語彙と同様，日本語における和語は最も日常的，基本的，庶民的である。暖かく懐かしい響きがあり，感情に直接訴えかける力があるのも英語本来語と同様である。「一，二，三」と漢語で数えるよりも「ひとつ，ふたつ，みっつ」と和語で数えるほうが暖かく懐かしい。この階層の語彙は日常会話などの形式張らない文脈や子供向けのおとぎ話などで頻

表4-2 | 日本語語彙の3層構造

和語	漢語	西洋語
おおうなばら（大海原）	大洋	オーシャン
おんなのこ（女の子）	女子	ギャル
かみのけ（髪の毛）	毛髪	ヘアー
くすりや（薬屋）	薬局	ドラッグストア
くるま（車）	乗用車	カー
ひとつ（一つ）	一	ワン
ひるめし（昼飯）	昼食	ランチ
やど（宿）	旅館	ホテル

出する。一方，少し形式度が高まる文脈では中層の漢語が活躍する。日本語の文章は，漢語を用いずに書くことはほぼ不可能である。漢語の頻度は日常会話でも決して低くなく，この点で英語の中層を担うフランス語起源の語彙と役割がよく似ている。

　日本語の上層を構成する西洋語はカタカナ語とも呼ばれ，近年では英語由来のものが圧倒的に多い。英語の上層を担当するラテン・ギリシア語由来の語彙が形式，洗練，教養を強く示唆するのに対して，日本語の上層語彙としての西洋語は必ずしも高尚な響きはない。むしろ，カタカナ語は軽い響きがあるといわれることすらある。この点で，上層語彙に関しては英語と日本語での役割は異なっている。ただし，成長著しい科学や情報の分野では，英語の専門用語に対する日本語の訳語を作るのが追いつかず，そのまま英語を採用することも広く行なわれている。この場合，西洋語は専門性の響きを帯びるため，上層と結びつけられるかもしれない。日本語では，各階層に対応する文字種がおよそ決まっているのが特徴で，和語はひらがな，あるいは漢字かな交じりで，漢語は漢字で，西洋語はカタカナで（あるいは最近はアルファベットでそのままということも多い）というように，視覚的にも明確に区別される。

　英語と日本語で語彙の各階層の機能や文字種に差があることは認めるにせよ，ともにこれだけ明確な語彙の3層構造をもっているということは，稀なる偶然である。いや，偶然以上の理由があるのかもしれない。歴史的に大陸からの影響を多く受けざるを得ない島国にとって，言語接触はむしろ避けがたく，結果として語彙の階層化が生じてくるのも必然とはいわないまでも十分に動機づけられているとはいえるかもしれない。

本節では，英語にせよ日本語にせよ，他言語との接触を多く受けてきた歴史がその語彙構造に反映されていることを見た。この点で両言語は比較に値する言語といえるだろう。英語も日本語も語彙で見る限り純粋な言語とはほど遠いのである。

第 5 章

「英語は易しい言語である」

第1節 英語の難易度

　筆者の個人的な英語学習体験に基づく印象としては，日本語を母語とする者にとって英語という言語は決して易しい言語ではない。それでも「英語は易しい言語である」という評判はよく聞かれる。大学の授業で聞いてみると，実際にこのような英語観をもつ大学生は少なくないようである。一方で，英語が難しいと感じている人も確かにいる。言語の難しさというのは個人の印象に基づく主観的な問題なのだろうか，あるいは客観的に計ることができるものなのだろうか。

　言語の難易度が多分に相対的な問題であることは想像がつく。類型的に似ている言語であれば，習得は易しいのではないかと思うのは自然だろう。英語についていえば，日本語母語話者が学ぶよりも，ドイツ語母語話者が学ぶほうが習得しやすいだろうことは容易に想像できる。言語的に大きく異なる外国語を学ぶよりは，類似性の多い方言を身につけるほうが楽なのと同じことだ。また，英語のほかに別の外国語，例えばフランス語を学んでいる学習者は，英語のほうが易しいとかフランス語のほうが易しいとか，ある種の主観的な比較評価をもっているのが普通である。このように言語の難易度が相対的なものであることを示唆する証拠はいろいろと挙げられるが，次にそれが「多分に」相対的な問題なのか，あるいは「完全に」相対的な問題なのかという疑問が生じる。仮に絶対的な難易度というものがあるとするならば，それは言語学的に計ることができるのだろうか。

言語学では，ある言語の習得に関わる絶対的な難易度は，語彙，音韻，文法などの部門別には，ある程度測定可能と考えられている。しかし，それぞれの部門に付与された難易度が全体のなかでどれだけの比重を占めるかを決めることは難しい。畢竟，この問題は相対的な問題とならざるを得ないようである。では，少なくとも部門別に考えるとして，英語は相対的に易しい言語ということがいえるのだろうか。例えば文法的にはどうだろうか。その問いに答えるには，古英語の文法的な特徴と，それがいかにして現代英語の特徴に置換されたのかを理解する必要がある。

第2節　古英語の性・数・格

　印欧諸語の多くには文法上の性という文法カテゴリーがある。印欧祖語には男性・女性・中性という三つの性があった。3性の区別を保持している現代ドイツ語から例を挙げれば，「月」は男性，「太陽」は女性，「家」は中性というように，各名詞に特定の性が割り振られている。性という名称から予想されるのとは異なり，文法性は生物学的な性（自然性）とは必ずしも一致しない。例えば「女性」を表わす語が男性名詞だったり中性名詞だったりする例がある。確かに多くの男性を表わす名詞は男性名詞，女性を表わす名詞は女性であり，たいていは自然性と連動しているが，不一致も見られることからこの文法カテゴリーが「性」と称されるのは誤解を招きやすい。むしろ，単純に名詞の所属するクラスとして捉えるほうがわかりやすい。全名詞が何らかの基準に

よって3種類に分けられており、それぞれにA, B, Cでも甲, 乙, 丙でも何でもよいのだが, あるラベルが貼られたと考えるのがよい。たまたま、人か物か、人ならば男性か女性かという基準の当てはまる傾向が強いので、男性、女性、中性というラベルが便宜的に貼り付けられたまでである。

　印欧祖語では3性を区別したが、いくつかの言語では性の種類が減少した。ラテン語は印欧祖語の3性を保っていたが, そこから派生したフランス語やスペイン語などのロマンス諸語では男性・女性の2性へと減少した。また、いくつかの北欧諸語では、男性・女性がまとまって一つの共性となり、それに中性が対置されるという2性のシステムへと変化した。古英語にも3性の区別が残っていたが, 現代英語では文法性は残っていない。文法性が失われた他の印欧語としてはアフリカーンス語やペルシャ語などがあるが、非常に珍しく、現代英語もそうした少数派の言語である。文法性をもつ言語の学習者は、異口同音に文法性の不合理と暗記の負担をかこつ。なにしろ名詞に何の脈絡もなく特定の性が割り当てられており, それを暗記していないと正しくその言語を操ることができないからである。このような言語と比較すると, 文法性を失った現代英語は学習者にとってありがたい、易しい言語に見える。

　では、名詞に特定の性が割り振られているということは、文法上どのような意味をもつのか。名詞の性は、それを付与されている名詞そのものに対してよりも, 名詞を取り巻く形容詞や冠詞などに対して大きな文法的制約を課す。文法性をもたない現代英語における *the good woman*（その良い女）という名詞句は, この3語の意味と形態と並び方（統語）さえ知っていれば容易に理解する

ことも産出することもできる。しかし，文法性のある古英語では話は簡単ではない。まず，*woman*（古英語 *wīfmann*）の文法性を知っていなければならない。この語の古英語での性はなんと男性である。では，男性名詞だからどうなるのか。男性名詞に冠詞や形容詞がつくときには，その冠詞や形容詞は男性名詞に応じた特定の形態を取らなければならないという規則がある。もしも女性名詞だったらまったく別の語尾がつき，中性名詞だったらまた別の形態を取ることになる。現代英語では *the* といったら *the* という形しかないし，*good* といったら *good* という形しかない。しかし，古英語では，冠詞や形容詞はそれが修飾する名詞の性に応じて，特定の形態を取らなければならない。

具体的に古英語で「その良い女」という3種類の表現を見てみよう。「その」には *se* を，「良い」には *gōd* を用いることにするが，「女」の類義語には上述した女性名詞の *wīfmann* のほかに，*lady* の語源である女性名詞の *hlǣfdige*，*wife* の語源である中性名詞の *wīf*（古英語の時代には「妻」という意味のほかに「女」の意味もあった）などがあった（古英語の文字と発音についてはここでは詳しく触れないが，基本的には発音記号として読めばよい。ただし，特殊文字〈þ〉は現代英語の〈th〉として読み替える必要がある）。「女」を表わす類義語のうちのどれを選ぶかによって，文法性が異なってくるために *se* も *gōd* も次のように変化しなければならない。

- *se gōda wīfmann*　　"the good woman"
- *sēo gōde hlǣfdige*　　"the good lady"
- *þæt gōde wīf*　　"the good wife"

しかし，話はここで終わらない。文法性のほかにも，単数か複数かを区別する「数」という文法カテゴリーと，文中での役割

(主語か目的語かなど) を標示する「格」と呼ばれる文法カテゴリーも冠詞，形容詞，名詞の形態に関与してくる。「女」が単数なのか複数なのかによって名詞自体の語尾を変化させることは現代英語にも対応する文法事項があるので理解できるだろう。しかし，古英語では名詞によって複数形の作り方が異なり，現代英語の複数語尾 -s の起源である -as を含め，-an, -e, -a, -u, -ru の語尾，そして無変化形など数種類が存在し，名詞によっていずれの語尾を取るかが厳しく決まっていた。さらに，名詞が複数であればそれにつく the や good の形態も複数形に対応する特定の語尾を取らなければならなかった。

「格」は，名詞が「～が」という主語の働き（主格）をするのか，「～の」という所有（属格）なのか，「～を」という直接目的語（対格）なのか，「～に」という間接目的語（与格）なのかなどを標示する機能を指し，それによって名詞だけでなくそれを修飾する冠詞や形容詞も形態を変化させる必要があった。したがって「女」に男性名詞 wīfmann という語を用いると固定した場合でも，その数と格に応じて，the good woman / women に対応する古英語の句は 2 数×4 格でのべ 8 通りの形態がありうることになる。例えば「その良い女を」であれば þone gōdan wīfmann,「その良い女たちの」であれば þāra gōdra wīfmanna,「その良い女たちに」であれば þǣm gōdum wīfmannum などと姿を変える。この古英語の状況と比較すれば，性・数・格を考慮する必要のない現代英語の the good woman / women という句がとてもすっきりした表現に見えてくるだろう。

第3節 古英語の屈折と語順

　古英語の名詞，冠詞，形容詞などが名詞の性・数・格に応じて形態（典型的には語尾形態）を変化させる文法的な作用を屈折と呼ぶ。現代英語でも，屈折がないではない。例えば，*boy* に対して *boys* と語尾を加えれば複数形になるし，*boy's* とすれば所有格の意味になる。複数の所有格で *boys'* という形態もある。しかし，発音すれば後の三つはすべて同じになってしまう。語尾に [z] がつくかつかないかだけの非常に単純な屈折であり，例外はほとんどない。もはや屈折といえないほどの単純さである。現代英語で唯一いくぶん複雑なままの屈折が残っているのは人称代名詞の体系である。この場合，語尾変化ではないが *I* が *my* や *me* へと形態を変えるのも屈折と考えられる。動詞にも 3 単現の *-s* や過去・過去分詞の活用など屈折と呼ぶべき現象は確かにあるものの，やはり対応する古英語の動詞の複雑な屈折に比べれば非常に単純化されているといえる。

　屈折の役割をより詳しく説明するために，"the"，"lord"，"lady"，"to love" に対応する古英語 *se*, *hlāford*, *hlǣfdige*, *lufian* の屈折表を示そう（表5-1）。最後の動詞 *lufian* については直説法と呼ばれる活用表のみを示す。実際には，直説法の他に接続法と呼ばれる別系列の屈折表も控えており，さらに複雑なのだが，ここでは割愛する。

　いずれの語も激しく屈折するが，動詞 *lufian* に注目すると，古英語の 3 単現（3 人称単数現在）の *lufaþ* が現代英語の *loves* に遠く

表5-1 | *se, hlāford, hlǣfdige, lufian* の屈折表

	単数			複数
	男性	女性	中性	
主格	se	sēo	þæt	þā
対格	þone	þā	þæt	þā
属格	þæs	þǣre	þæs	þāra
与格	þǣm	þǣre	þǣm	þǣm

	単数	複数
主格	hlāford	hlāfordas
対格	hlāford	hlāfordas
属格	hlāfordes	hlāforda
与格	hlāforde	hlāfordum

	単数	複数
主格	hlǣfdige	hlǣfdigan
対格	hlǣfdigan	hlǣfdigan
属格	hlǣfdigan	hlǣfdigena
与格	hlǣfdigan	hlǣfdigum

	現在	過去
1人称単数	lufie	lufode
2人称単数	lufast	lufode
3人称単数	lufaþ	lufode
複数	lufiaþ	lufoden

間接的に対応することがわかるだろう。古英語では，他にも1単現，2単現，複数現の屈折形がそれぞれあり，3単現だけが特別だったわけではない。すべてが特別な屈折語尾をもっていたのである。ただ，後に語尾が *-þ* から *-s* へ置換された3単現を除いて

は、語尾音消失という音声変化の餌食となり、すべて *love* に収斂してしまっただけのことである。したがって、3単現の -*s* が残っているのには特別な意味があるわけではなく、言語変化の偶然の結果でしかない。

さて、ここでこの4語を使って、現代英語の"the lord loves the lady"(その主人はその婦人を愛する)に対応する古英語を作文してみよう。

(1) *se hlāford lufaþ þā hlǣfdigan*

名詞の性・数・格によって、それを修飾する冠詞の形態が屈折表に従って自然と決まってくることに注意したい。取るべき語尾が文法上がちがちに決まっているので、屈折表が頭に入っていない限り文法的に正しい古英語の文を作ることはできない。このような屈折パターンが名詞や動詞の種別に応じて数種類も存在するのである。すべて暗記しなければならないと思うと逃げ出したくなるかもしれないが、屈折表に厳密に従わなければならないという古英語の文法には、利点もある。例えば"the"がどのような形で現われているかを見ることによって、それが修飾する名詞の性・数・格が、たちどころに判明するからである。つまり、古英語では、現代英語のようにSVOなどの語順に従う必要はない。次の文のように動詞の前後で語順が逆転していても、先の文と意味は変わらない。あくまで最後の *se hlāford* が主語であり、読みに誤解は生じない。

(2) *þā hlǣfdigan lufaþ se hlāford*

現代英語の文法は主として語順の文法であり、SVOなどの文型が文法上非常に重要な役割を果たす。それに対して、古英語は屈折が複雑であることの代わりとして語順の自由をもっている。も

っとも，無法に自由なわけではなく，基本的な語順はやはり決まっていた。しかし，完全に縛られているわけではないので，意味の強調やリズムの要請に応じて比較的自由に語順を入れ替えられる柔軟さを持ち合わせていたのである。文中での語と語の関係を明示する役割は主として格による屈折が果たしており，語順はあくまで副次的な役割を果たすにすぎなかった。

現代英語の5文型などをたたき込まれてきた学習者には目から鱗が落ちるような話かもしれないが，実はこれはまったく驚くに当たらない。というのは日本語も古英語と同様に語順が比較的自由だからである。上述の古英語の2文に対応する日本語訳は以下のようになる。

(1)′ その主人はその婦人を愛する。
(2)′ その婦人をその主人は愛する。

日本語は「は」や「を」という格助詞（なぜ「格」助詞と呼ばれるかはもうおわかりだろう）によって語と語の関係を示す言語であり，古英語と同様に語順にはそれほどこだわらない。確かに基本的な語順はあるが，必要に応じて比較的自由に語順を変えることができる点でも，日本語は現代英語よりも古英語のほうに似ている。

ただし，古英語と日本語の格の標示の仕方は大きく異なる。日本語の格助詞は，「主人」につこうが「婦人」につこうが，はたまた「犬」につこうが「猫」につこうが，「は」は「は」，「を」は「を」であり，変化させる必要はない。しかし，古英語では名詞に応じて屈折が異なり，主格や目的格を標示する一貫した共通の語尾というものはない。同じ格標示といっても，言語処理に際して脳にかかる負担でいえば日本語よりも古英語のほうが明らかに大きいといえる。

古英語は冠詞や名詞の屈折語尾ゆえに語順が比較的自由であることを見てきた。しかし，もしこの屈折の機能が曖昧になってきたらどうなるだろうか。性・数・格によってのべ16種類あった *se* の諸形態が *the* という単一形態に収斂してしまったとしたらどのようなことになるか。上の文例(1)でいえば，どちらがどちらを愛するのかという関係は語順ではなく主として *se, hlāford, hlǣfdige* の屈折によって区別されていたのだから，もしその屈折がなくなったとしたら(2)のような倒置が機能しなくなる。どちらがどちらを愛するのかが区別できなくなるのだから，これはコミュニケーション上抜き差しならない問題である。

　屈折によって語と語の関係が明示されなくなれば，副次的な手段であった語順が台頭してくることになる。そして，誤解を避けるために，動詞の前にくるのが主語，後にくるのが目的語という規則が徐々に固定化する。これまでは屈折によって機能していた言語が，いまや語順によって機能する言語へと変わってしまったことになる。言語タイプの大転換である。

　同様に，屈折の機能が曖昧になれば，およそ屈折語尾に依存して男性・女性・中性が区別されていた文法性のカテゴリーも機能しなくなる。もとより自然性という論理的でわかりやすい性の体系が常に手近にあったこともあり，文法性というカテゴリーは屈折という存立基盤を失うことによって，次第に自然性に置き換えられていった。屈折の衰退と文法性の消失は表裏一体の関係だったのである。

　英語史では，このような言語タイプの大転換が古英語から中英語の過渡期を中心とする200-300年ほどのあいだに一気に起こった。言語のタイプが180度転換するほどの変化がこれほどの短期

間で起こりうるということは想像するのも困難だろう。しかし，事実として英語でこれが起こった。言語は変わるときにはこれほどまでに劇的に変化するものだということを教えてくれる例である。

　文法性が消失しSVOなどの語順の固定化が進行したのは，屈折の衰退によるものだとわかった。だが，屈折の衰退それ自体はなぜ生じたのだろうか。

第4節　なぜ屈折が衰退したか

　どの言語でも発音の変化は常に起こっている。特に，音の消失や曖昧化は日常茶飯事である。古英語後期にも音の消失と曖昧化が進行していた。名詞，冠詞，形容詞など語類にほぼ関係なく音の摩耗が生じていたが，ここでは話をわかりやすくするために *se* の屈折に話をしぼろう。前節で見たように *se* の取りうる形態は古英語ではのべ16種類あったが，古英語後期になると語尾の[m]や[n]音の消失，母音の曖昧化によって，次第に区別される形態の種類が減少していった。また，男性単数主格の *se* や女性単数主格の *sēo* の語頭子音は，大多数の *þ* で始まる他の屈折形の圧力に屈して *þ* へと置き換えられた。形態の種類が徐々に失われてゆく過程は混沌としているが，最終的に現代英語に続く *the* に収斂した。屈折の機能を支えていた屋台骨は語尾であり，その語尾が音の摩耗によって消失し曖昧化したのであるから，それに伴って屈折機能自体も失われることになった。屈折の衰退の直接

的な原因は，このような語尾の音声的な摩耗ということで説明される。だが，さらに問いを進めたい。なぜ語尾の音が摩耗したのだろうか。

　発音の摩耗を含めた音声変化に何らかの理由があるのかどうかについては，古くから様々な議論がなされてきた。発音に際して楽をしたいという生理的な欲求，逆にコミュニケーション上の目的で他の音と明確に区別するためにその音を異ならせようとする異化の作用，ある発音をもつ人々と同化したい，あるいは距離を置きたいという社会的な帰属意識の要因，子供の言語獲得の際に生じる既存世代の発音とのずれなど，様々な説明が提案されているが，ある特定の音声変化について体系的な説明を与えたり原因を突き止めたりすることはそれほど簡単なことではない。しかし，古英語後期の語尾音の摩耗の原因については，考えられる二つの鍵がある。一つはゲルマン語派に特有の音声的な性質，一つは古ノルド語およびフランス語との接触である。

　ゲルマン語派に属する諸言語は，およそゲルマン祖語の特徴を受け継いでいるといってよいが，その特徴の一つに「語のアクセントは原則として第1音節に落ちる」というものがある。比較としてイタリック語派の諸言語を見ると，アクセントはむしろ語の末尾のほうに落ちるのが普通である。ゲルマン諸語の第1音節アクセントの特徴がなぜ生じたかについては憶測の域を出ないが，ゲルマン民族が入り込んだ地にもともと住んでいたケルト系先住民の発音の癖に由来するのではないかという基層言語影響説が唱えられている。

　現代英語でもそうだが，ゲルマン諸語では強勢音節と非強勢音節の区別が明確である。強いところは大きくゆっくりと発音し，

弱いところは小さく素早く発音する。アクセントが第1音節にあり，かつ強弱のメリハリがあるということは，第2音節にくることの多い語尾の発音が相対的に小さく速くなるということである。数百年という長い期間で考えれば，小さく速い発音では語尾音の区別は徐々に曖昧になり，最終的には消えてしまうということも起こってくるだろう。ゲルマン諸語では，軒並みこの傾向が見られる。印欧祖語から受け継いだ複雑な屈折体系は，第1音節にアクセントの落ちるゲルマン諸語にあっては，次第に崩れてゆく運命だったといえるだろう。デンマークの著名な英語学者オットー・イェスペルセン（Otto Jespersen, 1860-1943）はゲルマン諸語で屈折が崩れゆくこの傾向を漂流（drift）と呼んだ。古英語後期の屈折語尾の摩耗も，この運命的な漂流ゆえだったと考えられる。

　しかし，運命的な漂流だけでは納得のゆく説明になっていない。というのは，古英語以前の英語の祖先は長らくゲルマン語派の一員として歴史を歩んできたわけだが，なぜ古英語後期という時機に漂流の効果が現われ，屈折語尾が摩耗し始めたのかが説明されないからである。摩耗の時機はランダムに，それこそ運命によって決まるものなのだろうか。もう一つの疑問は，同じゲルマン語派の一員でも，ドイツ語は古英語なみに複雑な屈折をいまだに保っている。ドイツ語ですら，より古い段階から見れば語尾音の摩耗が進み屈折体系が単純化しているのだが，なぜ漂流による語尾音の摩耗効果がドイツ語では英語ほど顕著に見られないのだろうか。たまたま英語では早く生じたが，ドイツ語では遅ればせながら，おそらくは将来のいつか同じ効果が生じるということだろうか。

運命のタイミングという可能性を否定するわけではない。しかし，英語にはドイツ語を含む他のゲルマン諸語とは異なる何らかの契機が，古英語後期という時代に存在したのではないか。古英語後期に英語に起こった出来事として真っ先に思い浮かぶのは，第4章第3節第4項で見たように，ヴァイキングによってもたらされた古ノルド語との接触である。考えてみれば，古ノルド語も語群こそ異なるが同じゲルマン語派に属しており，漂流の影響下にあったはずである。しかし，ヴァイキングがイギリスに侵攻した段階では，古ノルド語は古英語と同様に屈折はいまだ健在であった。しかし，この二つの似通った言語，おそらくは相互コミュニケーションが可能な程度の違いしかなかった二つのゲルマン語がブリテン島で深く交わったときに，屈折の消失を促すある効果が生じたのである。

　古英語と古ノルド語では，大多数の語がゲルマン系の同根であり，双方の話者は共通の語幹を頼りに基本的なコミュニケーションを取り合えたと考えられる。しかし，語幹ではなく屈折語尾を比べると，両言語は混乱を招くに十分なほどに異なっていた。両言語話者の相互コミュニケーションを阻害する要因があるとすれば，それは発音上の訛りを除けば，屈折語尾にあったに違いない。語幹はほぼ同じであるのに語尾が異なるという状況に接した両言語話者は，誤解の元凶である屈折をあえて用いないようにすることで問題を回避したのではないか。もとより，屈折を利用しなくとも，副次的ではあるが文法関係を表わす手段として語順という装置が両言語ともに備わっていた。漂流によって潜在的に語尾が落ちる傾向があったところに，そして実際に英語では語尾の消失傾向が現われ始めていたところに，古ノルド語との接触が生

じた。すべての条件が英語の屈折語尾を消失させる方向で機能し始め，一気に屈折機能の崩壊が進んだのではないだろうか。

　以上の仮説をまとめよう。現代英語が主に屈折に依拠する言語から主に語順に依拠する言語へ姿を変えたのは，屈折機能が衰退したからである。屈折機能が衰退したのは，それを支えていた屈折語尾が音声的に摩耗したからである。屈折語尾が摩耗したのは，一つには第1音節に強勢が落ちるというゲルマン語特有の性質の裏返しとして第2音節（多くの場合屈折語尾を含む）の発音が弱まるからであり，ゲルマン語的な漂流とでも呼ぶべき傾向ゆえである。しかし，漂流の傾向を共有しているドイツ語などの他のゲルマン諸語の多くには現代でもそれなりに複雑な屈折体系が残っている。したがって，単にゲルマン語的な漂流ゆえに英語で屈折が摩耗したという説明では説得力がない。なぜ英語だけが屈折をここまで失ったのか，またなぜ英語は古英語後期というタイミングで屈折を失ったのか。これを解く鍵は，言語内ではなく，言語外に求めなければならない。古英語後期の外面史を考慮すると，古ノルド語との接触が屈折体系の崩壊と時間的に符合する。英語話者と古ノルド語話者はなまじ語幹が共通していて通じ合えただけに，かえって差異の顕著な屈折語尾を進んで切り落とすことによって，相互コミュニケーションを確実にしたのではないか。

　こうして外からの圧力によって勢いを得た英語の屈折語尾の摩耗傾向は，短期間で一気に進行し，英語の言語タイプを大転換させていった。語尾の摩耗傾向を顕現させた引き金としての古ノルド語の役割は大きいが，ヴァイキングの征服に続くノルマン人の征服が果たした役割も，一見目立たないが実は大きい。ノルマン人の言語はイタリック語派のフランス語であり，英語とは系統的

にも言語類型的にも大きく異なる。したがって，古ノルド語との接触のときの「語幹は通じたが語尾が異なるので語尾をあえて落とした」という理屈は，フランス語の場合には当てはまらない。では，フランス語がどのように英語の屈折語尾の摩耗傾向に貢献しえたのか。

　第4章第3節第5項で述べた通り，中英語期にフランス語は征服者の言語，ブリテン島を統べる王侯貴族の言語として君臨したものの，9割以上の民衆は日常的にはあくまで英語を使用し続けていた。また，英語と古ノルド語の密接な関係とは異なり，英語とフランス語の関係は表面的であり互いが濃厚に交わるというものではなかった。湯と水の関係よろしく，フランス語は高貴な言語として上位に，英語は卑賤な言語として下位に，社会的に明確な区別がつけられていた。古英語時代には標準語が発達し大いに栄えていた英語の書き言葉の伝統も，ノルマン征服により断絶し，英語はもはや書くに値しない言語，地位の低い言語として地下に潜ったのである。一般的にいって，社会的な影響力をもたず筆記されることのない言語や方言には，求心力をもった標準形は発達しない。文字に付されず，音だけの世界で生き続ける言語には，標準形による求心的な縛りがなく，逆に自由闊達な言語変化が促進される。英語はフランス語のくびきのもとに置かれることによって，逆説的ではあるが自由に言語変化を進行させる機会を得たのである。古英語後期の古ノルド語との接触が引き金となって顕現した英語の屈折語尾の摩耗傾向は，中英語初期にフランス語によって英語が価値をおとしめられたがゆえに，誰に阻害されることもなく円滑に進行したのである。潜在的なゲルマン語的な漂流，古ノルド語話者との接触，フランス語の優勢な社会のもと

第5章　「英語は易しい言語である」　　099

で英語の価値が低下したこと，これらの諸要因が相俟って英語史上の一大変化を生じさせたのである。

　言語の難易度を客観的に定めることが難しいことは本章の始めに議論した。しかし，仮に現代英語が易しい言語であると主張する根拠の一つに屈折が単純であり，文法性がないという特徴を挙げることができるとすれば，その特徴はこれまで見てきたように言語内的および言語外的な要因に帰することができる。現代英語の学習の効率と英語の歴史とが結びついていることを感じずにはいられないだろう。

　ただし，例えば屈折が単純化したからといって英語全体が言語として容易になったと言えるかどうかは決めがたい。屈折ではなく語順によって文法関係を標示する言語となった現代英語は，*The house may have been being built.* などの複雑な統語構造を取ることが可能になった。このように複雑な統語規則を見ると，語順に依拠する文法をもっているから易しいとは一概にはいえなさそうである。また，第4章第4節で見たように，現代英語のもつ多層の語彙も言語を難しくさせている要因と考えられるかもしれない。本章の冒頭で述べたように，部門ごとには難易度の測定がある程度可能かもしれないが，言語体系全体の難易度測定はどこまでも不確かである。

第6章

「英語は日本語と比べて文字体系が単純である」

第1節　英語のアルファベット

　日本人は，文字については世界のなかでも最も素質のある国民である。なにしろ使用している文字の種類が多い。ひらがな，カタカナ，漢字，ローマ字，アラビア数字，各種の句読点といった多種の文字を一つの文章中に組み合わせて表記するというというのは世界でも類を見ない。非常に複雑なことをしているのだが，義務教育で読み書きの基本的な修養を終える頃には，ある程度自然になっている。これは驚くべきことである。

　それに比べて，英語を始めとするアルファベット圏はどうだろうか。通常的に使用するのはアルファベットとアラビア数字ぐらいで，大文字，小文字，句読点を合わせても100字を超えない程度に収まる。特に英語では原則として〈ä〉や〈é〉などのアクセント記号を利用しないこともあり，世界の文字をもつ言語のなかでもかなり単純な文字体系をもつ言語といってよい。日本人が英語を学ぶとき，文字を覚えるのに苦労することはほとんどない。数千の漢字を覚えるのに比べて，アルファベット26文字など何でもないのである。

　文字は世界各地で独立して発生しているが，アルファベットに限れば単一起源であり，古今東西のアルファベット変種はいずれも共通の祖先からの派生であるという点が特異である。北セム文字と呼ばれる原初のアルファベットは，紀元前1700年頃に北セム諸語の話し手によって発明されたとされる。かれらが何者だったかははっきりとわかっていないが，有力な説によるとフェニキ

ア人だったとされる。北セム文字は22の子音字からなり,母音字は含まれていなかった。この文字を読んだ人は,子音字の連続のなかに文法的にふさわしい母音を適宜挿入しながら読んでいたはずである。紀元前1000年頃,ここから発展したアルファベットの変種がギリシアに伝わり,そこで初めて母音字が加えられた。この画期的な母音字込みのアルファベットは,ローマ人の前身としてイタリア半島に分布し繁栄していた非印欧語族系のエトルリア人によって改良を加えられ,紀元前7世紀頃までにエトルリア文字へと発展した。

このエトルリア文字は,英語の文字史にとって2重の意味で重要である。一つは,エトルリア文字が紀元前7世紀中にローマに継承され,ローマ字が派生したからである。このローマ字が,ずっと後の6世紀にキリスト教の伝道の媒介としてブリテン島に持ち込まれたことは第4章第3節第2項で見た。以降,現在に至るまで英語はローマ字文化圏のなかで高度な文字文化を享受し,育んできた。

もう一つ英語史上で重要なのは,紀元1世紀頃に同じエトルリア文字からもう一つのアルファベット,ルーン文字が派生したことである(ただし,起源については諸説あり,ローマ字から派生したという説もある)。一説によるとゴート人が発展させたルーン文字は北西ゲルマン語群にもたらされ,後に5世紀にアングロサクソン人によってイングランドへ持ち込まれた。アングロサクソン人にとって,ローマ字が導入されるまではルーン文字が唯一の文字体系であったが,ローマ字の導入後は〈þ〉("thorn"と呼ばれる現代英語の〈th〉に相当する文字)と〈ƿ〉("wynn"と呼ばれる現代英語の〈w〉に相当する文字)の2文字がローマ字に取り込まれたほかは衰退し

ていった。英語を書き表わした二つのアルファベットがいずれもエトルリア文字に起源をもつとすると、英語に対してエトルリア人が間接的に果たした文化史的な役割の大きさが感じられよう。

第2節 綴り字と発音の乖離

　アルファベットや仮名には、一旦数十の文字を覚えてしまえば、どんな単語でもある程度は発音できるようになるという利点がある。それは、これらの文字が基本的に音を表わす表音文字だからである。一種の発音記号と考えればよい。ここで「ある程度」というのが問題となる。理想的には、一つの文字が一つの音素に対応していれば完璧である。しかし、幾多の理由でこのような1対1の理想的な関係は保たれないのが普通だ。

　日本語の仮名は「は」「へ」などの例外はあるものの、文字と発音が1対1の理想に近い状態を保っている。これに対して、現代英語の綴り字と発音の対応は1対1どころか、1対多、多対1が常態であり、この点で非常に悪名高い。英語の学習者であれば誰もが *climb, knight, psychology, Thames* のような語について、綴り字と発音の乖離をいぶかしく思ったことがあるだろう。なぜ書かれているのに発音しないのか。当初は不思議に思いながらもひたすら暗記し続け、やがて初級レベルを卒業する頃には、これらの不可解な関係はあたかも自然のこととなり、疑うことがなくなる。当初の問題意識が薄まるのである。

　ここで、英語の綴り字と発音の関係が1対多、多対1であるこ

とを改めて実感してみよう。〈gh〉という2文字からなる綴り字がある。この綴り字を含む英単語をいくつか挙げ、その部分に対応する発音を調べてみると、実に6通りもの発音に対応することがわかる。

無音	*bought, high, through*
[g]	*Ghana, ghastly, ghost*
[f]	*cough, laugh, tough*
[p]	*hiccough*
[gh]	*doghouse*
[dʒiːeɪʃ]	*GHQ*

　実際のところは、〈gh〉という綴り字の多くは*high*に代表されるように無音であり、他の5種類の発音は稀といってよい。しかし、稀にでも例外が存在する限り、綴り字と文字の対応に関する信頼性は揺らぐ。仮名の「あ」は [a] 以外の読みがないのとは対照的に、〈gh〉の信頼性は実におぼつかない。〈gh〉はあくまで一例であり、他の文字（の組み合わせ）でも状況は似ている。

　これに関して、*ghoti*という綴り字の有名なジョークがある。〈gh〉が [f] とも発音されることに引っかけた一種の綴り字遊びである。〈o〉は*women*で [ɪ] と読め、〈ti〉は*station*などで [ʃ] と読めることから、〈ghoti〉全体で*fish* [fɪʃ] と読めるという。英語の綴り字と発音の関係が不規則であることを痛烈に皮肉ったこの例は、アイルランド出身の作家・批評家・綴り字改革者であるジョージ・バーナード・ショー（George Bernard Shaw, 1856-1950）が挙げたものとして広く知られているが、ショーが言ったのではないという説もある。ショーの伝記作家マイケル・ホルロイド（1935-）によると、ある熱心な綴り字改革者が*ghoti*の例を挙げて

保守的な人々に嘲笑されたときにショーがその改革者を擁護したのだという。これが事実だとすると，ショーは*ghoti*の発案者ではなく，あくまでそれを擁護した人にすぎないということになる。それでも，英語の綴り字の混乱ぶりを広く世に知らしめた功績はショーに帰せられてよいだろう。彼の死語，その遺言に基づいて文字と発音の関係が1対1となるような新しい文字体系ショー・アルファベットが考案されるなど後世にいくらか影響を残したが，結果的にはまともに取り上げられることはなかった。本章第4節で論じるが，言語の変化に関して綴り字改革ほど困難を極めることはない。文字体系の合理化は英語学習者にとって大きな負担軽減になるはずだが，合理的な方向への変化を看板に掲げて改革を唱えても成功する可能性は低い。それくらい文字は言語のなかで保守的な要素である。

　今度は逆に，特定の発音に対応する綴り字が複数あるということについて考えてみよう。[iː] という発音を含む単語を綴りで書き出し，対応する文字（の組み合わせ）が何種類ありうるかを数え上げてみよう。筆者は11種類探すことができたが，他にもあるかもしれない。

　　　⟨ae⟩　　*alumn<u>ae</u>, C<u>ae</u>ser*
　　　⟨e⟩　　*b<u>e</u>, h<u>e</u>*
　　　⟨ea⟩　　*m<u>ea</u>n, s<u>ea</u>*
　　　⟨ee⟩　　*f<u>ee</u>t, s<u>ee</u>*
　　　⟨ei⟩　　*<u>ei</u>ther, s<u>ei</u>ze*
　　　⟨eigh⟩　*l<u>eigh</u>*
　　　⟨eo⟩　　*p<u>eo</u>ple*
　　　⟨ey⟩　　*k<u>ey</u>*

⟨i⟩　　　*mach_ine, mag_azine*
⟨ie⟩　　*bel_ieve, th_ief*
⟨oe⟩　　*am_oeba, Ph_oebus*

　現代英語の綴り字と発音の対応はでたらめのように見えるが，英語の名誉のために述べると，でたらめというのは言い過ぎである。第1に，英単語の75-84％については綴り字と発音の関係が規則的であり，世間で非難されるほどひどい文字体系ではないという指摘もある。

　第2に，日本語については仮名を取り上げて比較的理想的な表音文字だと先に述べたが，漢字と発音の関係を考えれば英語以上に対応関係が複雑であることはすぐにわかる。例えば「言」という漢字は「い（う）」「こと」「げん」「ごん」などの複数の音読の仕方がある。また，漢字に見られる同音異字を考えれば，悪名高い英語の綴り字への不満が少しは慰められるかもしれない。例えば「こうし」と発音する場合，『広辞苑』によればこれは44語に対応する。英語でここまで極端な対応例はない。

　　　子牛・犢，工師，公子，公司，公私，公使，公試，孔子，甲子，交子，交趾・交阯，光子，合志，好士，考試，行死，行使，孝子，孝志，更始，厚志，厚紙，後肢，後翅，後嗣，皇子，皇師，皇嗣，紅脂，紅紫，郊祀，香脂，格子，貢士，貢使，高士，高志，高師，黄紙，皓歯，構思，嚆矢，講師，恋し

　第3に，綴り字と発音は1対1が理想と述べてきたが，必ずしもそうではないという主張もある。綴り字と発音が1対1ということは，言い換えれば文字体系と音素体系ががっちりと連動していることである。しかし，遊びのない文字体系を採用すると，あ

る方言を表記しようとしたときに標準的な表記とのあいだにずれが生じる。綴り字と発音の関係が緩い文字体系であれば，かえって多少の違いをクッションのように吸収してくれるので，方言間で表記の統一が保たれる。方言を持ち出さずとも，同語根の派生語どうしの綴り字の例を考えてみれば，この「遊び」の効用は知られる。例えば，現代英語で *photograph*, *photographic*, *photography* の相互の派生関係は綴りで見ると明らかだが，実際には互いにアクセントの位置や母音の音価は大きく異なる。もし厳密に表音的な文字体系，例えば発音記号で表記すれば［ˈfoʊtəˌɡræf］，［foʊtəˈɡræfɪk］，［fəˈtɑɡrəfi］となり3者の関係は視覚的に一目瞭然ではなくなってしまう。綴り字と発音の関係の真の理想とは，規則性と遊びが絶妙のバランスで釣り合うところにあるのかもしれない。

第3節 古英語の文字と発音

　現代英語の綴り字と発音の関係について見てきたが，古英語ではどうだったのだろうか。録音機器のない時代の古音を復元するのは簡単ではないが，それでも音声変化の類型論，関連する他の言語や方言の発音との比較，言葉遊び，韻律からのヒントなどにより，かなり正確に古音が復元できる。それによると，古英語の文字と発音の関係は現代よりもずっと1対1に近かったとされる。基本的にはローマ字通りに読めばよく，*dēor* "deer" は「デーオル」，*eald* "old" は「エアルド」，*hwā* "who" は「フワー」，

sunne "sun" は「スンネ」のごとくである。また，綴られた文字はすべて発音されたので，*climban* "to climb" は「クリンバン」，*cniht* "knight" は「クニヒト」，*hring* "ring" は「フリング」，*writan* "to write" は「ウリータン」と発音された。現代英語に慣れきっている者にはかえって取っつきにくいかもしれないが，非常に素直である。逆にいえば，*high* の〈gh〉など，現代英語で発音されないのに綴られている文字は，かつては発音されたから綴り字として残っているのであり，古英語以来，発音が変化してきたということを示す。前節で述べた通り，文字と発音の関係は完全に緊密ではないため，発音は変わっても文字は必ずしも即座に連動して変化するわけではない。たいてい文字は発音の変化に取り残されるので，古い形のまま残っていることが多い。見方を変えれば，現代英語の奇妙な綴り字は，はるか昔の発音を伝える語源カプセルのようなものである。

　このように古英語は綴り字と発音の関係が比較的素直だが，いくつか注意すべきこともある。古英語では［z］や［v］という音こそあったが，〈z〉や〈v〉という文字は使われなかった。その意味では1対1の原則に反しているように見えるが，〈s〉と綴って［s］の発音か［z］の発音かは，それを囲んでいる音の性質（無声音か有声音か）で自動的に決まってくるので1文字で済ませるのは経済的だった。例えば，名詞の *hūs* "house"［huːs］の〈s〉は有声音に囲まれていない（語末の音なので後ろには囲む音がない）ので［s］と発音される。一方で，動詞の *hūsian* "to house"［ˈhuːzian］の〈s〉は有声音（母音）に囲まれているので，〈s〉と綴られていても［z］と発音される。［s］か［z］かの名残は現代英語の名詞 *house*［haʊs］と動詞 *house*［haʊz］の発音の差とし

て残っている。同様に無声の〈th〉をもつ *south* に対して有声の〈th〉をもつ *southern*, 無声の〈f〉をもつ *wolf* に対して有声の〈v〉をもつ *wolves* の対応も, 古英語の発音規則が現代にまで残っている例である。

第4節 1対1がなぜ崩れてゆくか

　前節では, 古英語が理想的な1対1の関係に近い綴り字と発音の関係をもっていたことを確認した。しかし, 綴り字と発音の関係は, 言語によって程度の差こそあれ時間とともに崩れてゆくのが常である。では, なぜ崩れてゆくのだろうか。英語の場合に限定して理由を考えてみよう。綴り字と発音の差が歴史的に開いてきた（そして開いたままになっている）理由は次の6点に要約される。

(1) そもそもラテン語を書き表わすために特化していたローマ字を英語に当てはめようとしたときに, 無理が生じる（約35個あった古英語の音素に対して, ローマ字は23字しかなかった）。そこで, 2文字で1音を表わしたり, よそから別に文字を持ち込むなどの対処法が必要となる。ローマ字が英語に導入された当初から, すでに理想的な1対1の関係は崩れていたのである。

(2) 中英語期の写字生が, フランス語式綴りや自己流の綴りを思い思いに採用した。結果として綴り字と発音の関係に統一がなくなった。

(3) 初期近代英語期以降の語源学者が, 一種の衒学的な見栄によって, 発音しないのに綴る「黙字」を挿入した。

(4) 借用語は借用元言語で綴られていた通りに綴られることが多く，英語の綴り字習慣と相容れない綴り字が英語に入り込んだ。
(5) 綴り字は印刷技術の普及も手伝って15世紀以降，徐々に標準化し始めたが，皮肉にもその時期に大きな発音の変化が生じており，乖離が進んだ。
(6) 標準綴り字が一旦社会的に確立すると，社会的威信が付されるため，そこから逸脱した綴り字が非難や軽蔑の的になる。つまり，ただでさえ保守的な綴り字体系がますます硬直化する。

　上記(1)については特に付言しないが，(2)については，まず英語の綴り字習慣に対してフランス語の影響が大きいことを指摘しよう。例えば，古英語の⟨þ⟩や⟨ð⟩という文字は中英語期に現代風の⟨th⟩という綴り字に徐々に取って代わられていったが，これはフランス語の綴り字習慣の影響である。同様に，⟨hw⟩が⟨wh⟩へ，⟨sc⟩が⟨sh⟩へ，⟨c⟩が⟨ch⟩や⟨k⟩へと置換されたのもフランス語の綴り字習慣の影響による。もっとも，一連の置換がほぼ一律に規則正しく起こったのであれば，むしろ綴り字と発音の関係が合理化することにもなるが，実際には中英語期の後半に至るまで標準的な綴り字習慣は確立されなかった。方言ごとあるいは写字生集団ごとにおよそ一貫した綴り字習慣が見られる例はあるが，原則として個々の写字生が独自の綴り字習慣をもっていたと考えてよい。現代の英語や日本語の書き言葉の標準に慣れている私たちには，綴り字が定まっていないということは何とも心許なく感じられるが，中英語期では写字生が自らの方言特徴を丸出しにした綴り字を用いることが当たり前だった。写字生

ごとに異なる綴り字の癖をもっているのでは，さぞかし読み手は大変だったろうと思われるかもしれないが，実際に声に出してみれば方言の発音を聞いているのと同じことで，理解の上で大きな問題とはならなかった。皮肉なことに，中英語で用いられた綴り字こそが表音的な綴り字だったのであり，綴り字と発音の関係でいえば現代英語よりも理想的な状況に近かったのである。

同じ語を綴るのに写字生ごとに異なる綴り字を用いることはもとより，1人の写字生が異なる機会に異なる綴り字を用いることも，日常茶飯事だった。綴り字の変異の極端な例を挙げると，現代英語の *through* に相当する単語は中英語後期にはイングランド内でなんと515通りにも綴られた。例えば現代風の *through* の他，*threw, throw, thrvoo, thrwght, thwrw, trghug, yhurght, yora* などという奇妙きてれつな綴り字が存在した。

古英語ではその後期にイングランド南西部のウェストサクソン方言に基づいた標準語が存在していたので，他の方言が文書の上に反映される機会は少なかった。同様に，中英語最後期からは現代の標準英語につながる書き言葉の変種が徐々に発達してきたのでやはり方言の書き残される機会が減った。しかし，中英語期の大半の時期は書き言葉の標準が存在せず，文書はすべて何らかの方言で書き残された。なぜかといえば，ノルマン征服によりフランス語が高貴な言語とされたのに対し，英語は卑賤な地位におとしめられ，まともに書くに値しない言語であるとのレッテルを貼られていたからである。英語が世界語となりつつある現在では信じられないことかもしれないが，当時の英語は言ってみれば方言や俗語のようなものであり，それを書写するための標準的な綴り字規則を制定しようという機運すら起こらない卑しい言語だった

のである。フランス語やラテン語という書くにふさわしい立派な言語があるのに，あえて社会的地位の低い英語を書く意味はあまりないと思われていた。とはいえ，中英語期にも，写字生が英語でものを書き記してきたことは事実である。広く容認される標準的な綴り字習慣がないときに，英語の写字生が頼ったのはもっぱら自らの発音だった。こうして自らの発音を丸出しにした方言綴りが中英語期に花咲いたのである。

　ここで，みなで標準的な綴り字規則を作ればよかったではないかと思うかもしれないが，では，どの方言の発音を基準にして標準語を制定すればよかったのだろうか。現代的な感覚では首都のロンドンの発音が最も権威があるだろうからそれを基準にすればよかろうと思われるかもしれない。しかし，当時はロンドンで話される英語とて，他の地域と同列の1方言にすぎず，特別な権威があったわけではない。どの方言であれ，英語である以上，フランス語やラテン語に比べれば卑賤なのであって，英語の方言どうしの序列など，どんぐりの背比べにすぎなかったのである。

　しかし，中英語期を通じて，少しずつだが確実に状況は変わっていった。ノルマン征服を契機に始まったフランス語かぶれの時代は収まり，フランス色が薄まるにつれて英語が市民権を取り戻してきたのである。その背景の一つには，イギリス王家がフランスに保有していた領土の大部分を戦争で失ったことがある。中世のイギリス王家は基本的にはフランス語を話すフランス人であり，帰属意識もフランスにあった。フランスの領土を本拠にしてあわよくばフランス王位を狙っていたのであり，イギリスは重要ではあるが属領ぐらいにしか思っていなかったのである。

　ところが，本拠とたのんでいたフランス側の領土を戦争で失

い，ブリテン島がほぼ唯一の領土となると，態度が変わってきた。本拠地はイギリスであり，フランスは外国であるとみなすようになってきたのである。1337-1453年の英仏百年戦争で故郷フランスが敵国となったこともあり，イギリス王家はフランス離れを進めていった。それに応じて，フランス語を母語とする王侯貴族も徐々に減ってきて，相対的に英語の地位が復活してきた。14世紀後半からは英詩の父と呼ばれるジェフリー・チョーサー (Geoffrey Chaucer, 1343-1400) が現われ，復権した英語によって中世イングランド社会を韻文で活写した。また，ロンドンで用いられていた書き言葉が徐々に標準的とみなされるようになってきた。15世紀末にはウィリアム・カクストン (William Caxton, 1422?-91) による活版印刷が始まると，同一文書の多数の写しが作られるようになり，英語の綴り字体系もゆっくりと固定化してゆくこととなった。現代風の綴り字体系は，その後1650年頃に原型が固まり，さらに約1世紀後の1755年にサミュエル・ジョンソン (Samuel Johnson；通称Dr. Johnson, 1709-84) の辞書が現われる頃にほぼ確定したといってよい。英語の標準綴り字の歴史は意外と浅いのである。

　綴り字と発音の1対1の関係を崩した要因 (3) として掲げた，語源学者の見栄に移ろう。中世から近代にかけてラテン語の権威は絶大だった。学者たちはラテン語を崇め，多くの単語を英語へ借用し，まさにラテン語かぶれであった。このラテン語かぶれは単語の借用だけではなく，綴り字にも及んでいた。中英語期にフランス語を経由して英語に入ってきたラテン語は，形態が崩れていることが多かった。伝言ゲームではないが，英語に入ってくる過程でフランス語などを経ると，どうしても原形が崩れてしまうの

である。語源に詳しいルネサンス期の学者たちはこれを嘆かわしいと思った。彼らは権威のある古典ラテン語の「正しい形」を学んで知っていたので，英語ですでに根付いていた「崩れた形」に我慢がならなかったのである。そこで正しい形を参照して，すでに英語に定着していた綴り字を訂正した。

　この語源綴りの具体例として，*debt*（債務）を挙げよう。この語には発音されることのない黙字〈b〉が含まれているが，これはなぜだろうか。この語はラテン語 *dēbitum* がフランス語経由で英語に借用されたものだが，フランス語から借用されたときにはすでに〈b〉が落ちており，*dette* という綴りになっていた。つまり，英語に借用された当初から〈b〉は綴り字として存在しなかったし，[b] の発音もなかった。ところが，15世紀からは，ラテン語の綴り字に影響されて，より語源に忠実な〈b〉を含めた綴り字を用いるようになり，現在にまで続く *debt* の原型が確立した。ちなみに，15世紀には，同じラテン語の *dēbitum* がフランス語を経由せずに，改めて *debit*（借方）として英語に借用された。今度の〈b〉は見せかけではなく正規の綴りであり，発音もされた。したがって，現代英語の *debt* と *debit* は，同根の語が異なる形態と意味で伝わった1組の語で，こういったペアは2重語と呼ばれ，英語に多数存在する。

　「語源綴り」の他の例を挙げよう。各語について下線部の文字が意識的に挿入あるいは置換された文字である。

　　altar, Anthony, assault, author, comptroller, doubt, falcon, fault, indict, island, language, perfect, phantom, psalm, realm, receipt, salmon, salvation, scholar, school, scissors, soldier, subject, subtle, throne, victual

第6章　「英語は日本語と比べて文字体系が単純である」　　115

学者たちはラテン借用語の綴り字こそ改革したが，庶民の発音までをも改革しえたわけではない。多くの場合，人々は相変わらず中世以降の「崩れた」発音を使い続けた。しかし，*language*, *throne* などいくつかの単語では挿入された文字に対応する発音も行なわれるようになった。綴り字に合わせて発音しよう，綴り字と発音の溝を埋めようというこの傾向は「綴り字発音」と呼ばれるが，その適用は中途半端であり，かえって混乱を招いたともいえる。

　以上は学者の知識のひけらかしといえば確かにそうかもしれないが，ラテン語を絶対とみなした当時の時代精神の産物といえるだろう。この背景を知れば，英語学習者にとって面倒な黙字の問題にも余裕をもって対処できるのではないだろうか。*throne* の〈h〉にラテン語（さらに遡ればギリシア語）由来の英単語のかもす上流の香りを嗅ぐもよし，*receipt* の〈p〉の不条理を嘆くもよし，英語の綴り字は一癖も二癖もあるからこそおもしろい。

　綴り字と発音の1対1の関係を崩した要因(4)として掲げた，借用元言語の綴り字の採用については，例を挙げれば一目瞭然である。ギリシア語の *chaos* や *psychology*，イタリア語の *spaghetti* や *pizza*，ウルドゥー語の *khaki*，タイ語の *Thai* など，伝統的な英語の綴り字習慣とは相容れない綴り字が英語に流れ込んだため，混乱が助長されているという側面がある。

　(5)に掲げた，印刷技術の普及の時機にまつわる事情は実に皮肉である。中英語後期から近代英語期にかけて綴り字の標準化が進んでいたまさにそのときに，非常に大きな音声変化が起こっていたのである。綴り字が固定化する一方で発音が大変化を起こしていたのだから，綴り字と発音の乖離が大きくなることは運命づ

けられていたといえよう。この英語史上最も著名な音声変化は大母音推移と呼ばれており，次節で詳しく扱うことにする。

　最後に，(6)の綴り字体系の保守性について考えよう。綴り字体系が保守的であることは本書でも何度か述べてきたが，なぜそうなのか，改めて考えてみたい。綴り字と発音は1対1の関係が原初の形だと仮定しよう。言語が時間とともに常に変化するものであることを前提とすると，理想的な状態の保持は図6-1のように表わされる。時間のなかで発音が変化すればそれに伴って綴り字も即座に適応するし，逆に綴り字が変化すればそれに伴って発音が即座に適応する，そのような理想的な状態を表わした図である。

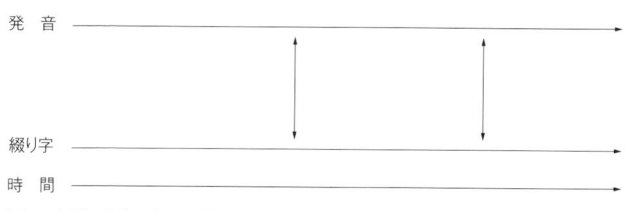

図6-1 | 話し言葉と書き言葉の理想的な関係

　だが，現実にはこのような関係はほとんど見られないといってよい。それは，発音と綴り字とでは，変化する速度や互いに適応する時機にずれがあるからである。典型的に見られる関係は，むしろ図6-2で示される関係である。

　発音が先に変化するが，綴り字がそれに追いつかない。つまり，発音は新しくなっていてもそれに対応する綴り字は古い時代のままという関係が生じる。このねじれ状態を是正すべく，綴り字を発音とまっすぐの関係になるように意図的に追いつかせる運

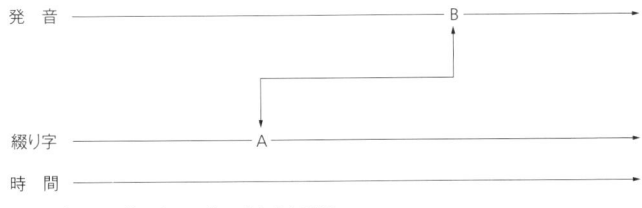

```
発音 ─────────────────────B──────────→
                          │
                          ↓
綴り字 ────────────────A───────────────→
時間  ────────────────────────────────→
```
図 6-2 ｜ 話し言葉と書き言葉の現実的な関係

動が，綴り字改革ということになる。本章第 2 節で触れたバーナード・ショーがもくろんだことはまさしくこれだった。

　だが，一般的には，遅れを取った綴り字を発音に追いつかせようとする綴り字改革は失敗に終わることが多い。これは，綴り字体系が保守的というよりもあくまでそれに対する言語使用者の態度が保守的であるからである。綴り字改革は，綴り字が変化に置いてけぼりをくったために生じたねじれ関係を一気に修復するというポジティヴな側面を押し出すわけだが，一方で B の時点において，A の時点より以前に培われてきた長い綴り字の伝統と決別するということをも意味する。文字は過去の歴史を記す手段でもあるから，伝統的な綴り字との決別は言語共同体にとって，自らの過去の歴史との決別を意味する。そして，それは尊ぶべき歴史と伝統をもつ共同体にとっては，通常恐ろしいものであろう。綴り字改革（特に急進的なもの）が一般に成功しにくいのは，このような背景があるからではないか。逆にいえば，稀な成功例を見ると，そこには過去と決別したいという思いが垣間見られる。第 8 章第 2 節で見るが，ノア・ウェブスター（Noah Webster, 1758-1843）によるアメリカ英語の綴り字におけるイギリス英語との差別化の思想が一例である。

綴り字と発音の関係が1対1であればよいのにと思うのは学習者としては至極当然な願いだが，綴り字と発音は緩やかに関連しつつも本質的には独立した存在であるということは理解しておくべきだろう。現代英語に残るいらだたしい綴り字の不規則は，長い歴史の積み重ねゆえの歪みなのである。

第5節　大母音推移

　英語のABCの歌は物心ついたときにはすでに口ずさめる子供たちが多いが，英語以外のアルファベットを用いる多くの言語圏の話者からしてみると，相当におかしな歌である。英語学習者にとって〈A〉と書いて「エイ」と発音し，〈I〉と書いて「アイ」と読むのに何の不自然も感じないかもしれないが，ローマ字として名前を書くときを思い浮かべれば明らかなように〈A〉は「ア」で〈I〉は「イ」のはずである。つまり，私たちは英語式アルファベットの読みとローマ字読みとを使い分けていることになる。同じ文字体系を用いていながら2種類の発音がありうるのだから，2重基準というべきだろう。他の主要なヨーロッパ言語を考えてみると，ローマ字通り〈A〉は「ア」であり，〈I〉は「イ」である。このような言語ではアルファベットは「アーベーセー」などと発音される。世界語たる英語の「エイビーシー」は当たり前のように受け入れられているが，比較してみればたぐいまれなる変わり者であることがわかる。英語ではなぜ〈A〉は「ア」ではなく「エイ」なのだろうか。

実は，英語でも古英語，中英語までは〈A〉は確かに「ア」，正確には「アー」であった。それがあるときに「エイ」へと変化したのである。この音声変化は英語史上に名高い大母音推移と呼ばれる音声変化で，現代英語の綴り字と発音の乖離を著しくしている最大の元凶である。この変化はたまたま綴り字体系の固定化の時期と合致してしまったものだから，英語にとっては悲劇であった。大母音推移は長らく研究者の注目を集めてきたが，いまだにその過程や原因については不明なことも多く，英語史上最大の謎の一つといってよい。

　大母音推移は，英語の強勢のある長母音に対して無条件に生じた一連の体系的な音声変化である。およそ1400-1700年のあいだに，イギリスの各地で異なる時機，速度，一貫性で生じた。変化の過程と結果は，母音4辺形と呼ばれる図で表わすと非常にきれいで，まさに体系的と呼ぶにふさわしい（図6-3参照）。

　大母音推移を音声学的に記述すると，強勢のある長母音が1段（部分的に2段）連鎖的に上昇あるいは2重母音化した，と表現できる。具体的に単語で例を見てみよう（表6-1参照）。

　find は本来 [fiːnd] という発音だったが，大母音推移により [fəɪnd] を経て [faɪnd] へ至った。[iː] は無条件に軒並み [aɪ] へ変化したので，もともと [iː] のあった箇所は穴が空くことになる。その穴を埋めるべく下から上がってきたのが [eː] である。*cheese* の母音は本来文字通り [eːz]

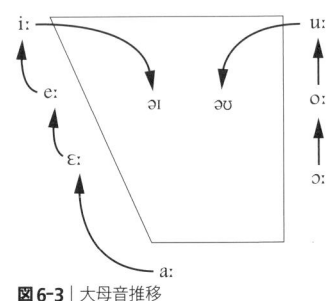

図6-3 | 大母音推移

表6-1 大母音推移の例

中英語	大母音推移 第1段階	大母音推移 第2段階	後期近代英語	単語例
iː	əɪ		aɪ	*find, wife*
uː	əʊ		aʊ	*house, town*
eː	iː			*agree, cheese*
ɛː	eː	iː		*each, meat*
oː	uː			*choose, noon*
ɔː	oː		oʊ	*hope, road*
aː	ɛː	eː	eɪ	*name, take*

と発音されていたが、上に空いた穴を埋めるかのように［iːz］となった。そこで再び空いた［eː］の穴を埋めたのは、今度は*each*などに見られた［ɛː］音である。*each*は本来開いた「エ」をもった［ɛː］であったが、いまや閉じた「エ」をもつようになり［eː］となった。だが、この音に限っては後にもう1段上がり、結果的に［iː］へと収まった。いまや空いてしまった［ɛː］を埋めるのは、さらに下に控えていた［aː］である。*name*は本来［naːm］と発音されていたが、1段上昇し［nɛːm］になった。その後現代までに2重母音化を経て［neɪm］になった。〈A〉を「エイ」、〈I〉を「アイ」と読むのはこの変化のためである。後母音の系列（母音4辺形の右半分）も類似した連鎖で長母音が芋づる式に上昇・2重母音化した。

　大母音推移後、現在に至るまでの期間にも別の音声変化が起こっており、現代英語の発音の知識だけを頼りにすると推移前後の過程がぼやけてくるので、あくまで推移直前と直後とで発音を比較されたい。

　大母音推移には、どのように生じたか、なぜ生じたかという二

第6章　「英語は日本語と比べて文字体系が単純である」

つの大きな問題がある。前者から考えよう。上の説明では，まず1番上の［iː］→［əɪ］からスタートして，空いた穴を埋めるように下から次々と上がってきたと説明した。しかし，論理的には，むしろ1番下から始まったのではないかと考えることもできる。つまり，［aː］がまず［ɛː］へと上昇したのではないか。次にもともとの［ɛː］は下から押し上げられて［eː］となり，今度はそれが押し上げられて［iː］となり，最後にそれが［əɪ］へと追い出された，と考えられるのではないか。高母音から始まったとする前者の説は引き上げ説，低母音から始まったとする後者の説は押し上げ説と呼ばれている。

　もう一つは，真ん中の［eː］辺りから上昇が起こったとする説もある。その場合，［eː］より上の音については押し上げ説，［eː］より下の音については引き上げ説を採用することになる。さらには，後世の学者が図式的に整理するとたまたま連鎖的に起こったように見えるが，実際には各音が個別に独立して変化したのではないかという説もある。ただ，ばらばら説とでも呼べるこの説も，少なくとも部分的には連鎖的な圧力を前提としており，体系的変化を容認しているように思われる。

　このように諸説紛々としているのは，どこから推移が始まったかについて事実の解釈が研究者間で異なるからである。大母音推移は完了までに300年ほどの時間を要しているし，イギリスの各地で一様に起こったわけでもない。そのような長い期間，広い空間にわたって，すべて計算されたかのごとく言語変化がきれいに進むのだろうかと改めて問うてみると，確かに疑問が生じる。異なる方言では異なる時機に異なる速度で大母音推移が進んだし，ロンドンなど地方出身者の集まる都会では，異なる方言どうしが

激しく混交したはずである。そのようにかき混ぜられた前後の入力と出力が一つの説明できれいに結びつけられるとしたら、それこそ驚きだろう。

　大母音推移がどのようなメカニズムで起こったかについては、このように議論百出である。同様に、なぜ生じたかについても詳しいことはわかっていない。押し上げ説や引き上げ説をとるにしても、最初の変化がなぜもたらされたかがわからなければ問題を解決したことにならない。特にばらばら説であれば、個々の音変化の理由を明らかにしなければならない。

　大母音推移は確かに大規模な変化ではあるが、より小規模な音声変化であれば英語の歴史に限っても無数に起こっている。発音は変化するが綴り字は変化しないというこのような事例が何度となく繰り返されるにつれ、現代英語の悩ましい特徴である綴り字と発音の乖離が次第に大きくなっていったのである。

　本章では綴り字と発音の乖離が生じてきた経緯を論じた。26文字のアルファベットからなる英語の文字体系は、より複雑な仮名や漢字をもつ日本語と比べて習得はたやすい。しかし、その26文字の運用となると必ずしも簡単にはゆかないということがわかる。私たちは〈A〉を「エイ」、〈name〉を「ネイム」と読むことに慣れているが、実はこれが特異であることに気づくには他の言語との比較や英語の歴史の知識が不可欠なのである。

第7章

「英文法は固定している」

第1節 現代英文法の規則

　英語学習者であれば英文法参考書でおよそ学んでいるという典型的な英語の文法事項というものがある。以下にいくつか挙げてみよう。

- *It is me* ではなく *It is I* とすべし。
- *which* の所有格として *whose* を用いるべからず。
- *the oldest of the two* ではなく *the older of the two* とすべし。
- 二つ以上のもののあいだには *between* を，三つ以上のもののあいだには *among* を用いるべし。
- 自動詞 *lie* と他動詞 *lay* の区別をつけるべし。

　こうした「べき・べからず集」はどのようにして生まれたのだろうか。こうした規範は，あるときに自然発生し，慣例として守られてきたということなのだろうか。事実はそうではない。これは，そう古くない18世紀の規範文法家たちが理性，慣用，そして独断と偏見によって築き上げ，人々が受け入れてきた一大編纂物なのである。それが，以来ずっと尊重され続け，現代の英文法教育の現場でも生きているというのが現状である。いや，生きているというだけでは表現が生やさしい。受験生はこの「べき・べからず集」に生殺与奪の権を握られているといっても過言ではない。それくらいに，現代の英語教育における規範文法の影響力は大きい。

　英語学習者にとってだけではなく英語母語話者にとっても規範

文法が影響力のある存在であることは、言葉遣いの乱れに関する新聞・雑誌のコラムや書籍の人気の高さ、英文執筆指南書のとっている姿勢からも窺うことができる。少し前の話になるが、1986年、BBCラジオ4の番組で視聴者アンケートが行なわれた。最も忌まわしいと思う文法間違いを3点挙げよというものだ。集計の結果、ランキングが得られたが、以下はトップ5の項目である。

1. *between you and I*：前置詞の後では *I* ではなく *me* とすべし。
2. 分離不定詞：*to suddenly go* のように、*to* と動詞のあいだに副詞を介在させるべからず。
3. *only* を置く位置：*I saw only Jane* の意味で *I only saw Jane* とするべからず。
4. *none* の複数での一致：*none of the books* は複数ではなく単数で受けるべし。
5. *different to*：*different* には *to* ではなく *from* を後続させるべし。

25年ほど前の回答結果だが、現在でもおよそこのままの状況であると考えてよい。というのは、ランキングに挙がった項目の多くが19世紀、場合によっては18世紀から連綿と非難され続けている息の長い言葉遣いの「乱れ」だからである。いずれの項目も、長らく規範文法で誤用とレッテルを貼られてきたものである。1位に輝いた *between you and I* は歴代のアメリカ大統領やイギリス首相なども公に用いており、よく知られているがゆえに広く非難の対象になっているものと思われる。このように、規範文法が英語話者の語法に対する態度に大きな影響を与えてきたことは事実だが、一方でいくら矯正しようとしても数世紀にわたって

同じ誤りが指摘され続けてきたという現実を見ると，言語の規範というのはなかなか完全には守られないものなのだと考えさせられる。

　規則集ともいうべきこれらの文法が18世紀に作られた経緯については次節で述べるが，このことは18世紀より前には規則集としての英文法はなかったということを意味する。文法がないのだから，そこから逸脱した文法の誤りなるものも存在しない。現代の感覚では，文法規則は綴り字規則と同様に正しい言葉遣いを支える土台である。したがって，そのような規則が不在の社会があったということはなかなか想像しにくいかもしれない。現代人は，言語には常に正しい語法や標準的な形態があるはずだということを主に教育によって刷り込まれているからだ。漢字間違いは恥ずかしいことであり，英単語の綴り字は1文字でも間違えれば試験でバツをもらう。敬語の使い方の誤りを指摘されたり，作文をしては助詞に訂正の朱を入れられたりする。辞書や文法書や語法書が書店の棚を埋め尽くし，お茶の間でも日本語力を試すテレビ番組が人気である。そのような環境で生まれ育った現代の日本人にとって，辞書も文法書もなく，規則や標準の存在しない言語があったとは思いもよらないだろう。もしそのような言語があったら非常に心許なく，言葉が乱れすぎてしまわないかと心配になるかもしれない。ましてや，いまや世界に広がる英語が18世紀より前には規則をもたなかったとは想像できないかもしれない。

　しかし，現実に英語では規則のない状況が18世紀まで続いていた。第6章第4節で話題にしたが，綴り字に関しては中英語期には写字生ごとに綴りたい放題であって，17世紀までは標準形が定まらなかった。文法の規則化は綴り字の規則化よりもさらに

1世紀以上遅れ，それ以前には頼りとなる文法書が存在しなかった。文法は18世紀の文法家が作り出した産物であり，文法家が現われる以前には文法そのものが存在しなかったのである。

　では，18世紀より前には，本当に英語には文法がなかったのだろうか。これまで説明せずにきたが，文法という語には，峻別すべき二つの意味がある。一つは規範文法，もう一つは記述文法である。規範文法とは，上で述べてきた意味での文法で，文法家が正用と誤用を人為的に定めた規則集のことである。「学校英文法」「受験英文法」などというときの文法は，この規範文法である。いわば制度としての文法であり，社会における法律と比較される文法である。言語をもたない共同体は存在しないが，規範文法をもたない言語共同体はいくらでも存在する。ちょうど法律をもたない社会がありうるのと同じことである。規範文法も法律も，人為的に制定されるものであるから，自然状態では存在しえず，誰かが意識的に制定して初めて存在する。

　そうだとすると，規範文法をもたない言語は，法律をもたない社会と同じように，収拾がつかないほどに乱れてゆくものだろうか。もちろん，そんなことはない。日本語でも英語でも方言を考えてみればよい。通常，方言の文法書などというものが作られることは，まずない。しかし，方言は方言として，標準語に引けを取らない完全な言語機能を果たすことができ，言語としての価値は標準語と等価である。実際，方言の文法を記述しようとすると，標準語よりも複雑で精緻な文法を内包していることも多い。方言には文法書（規範文法）はないかもしれないが，それはその方言に文法（記述文法）が埋め込まれていないということにはならない。どの言語にも記述するに値する文法は必ず存在する。日

本語話者であれば，必ず脳に日本語の記述文法がインプットされているが，だからといって日本語の規範文法がインプットされているとは限らない。後者は，意識的な学習を通じて学ばなければならないものだからだ。英語に話を戻せば，英語は他のすべての言語と同様，その歴史を通じて独自の文法（記述文法）をもっていたが，文法（規範文法）が作られたのはようやく18世紀になってからの話だということである。

英語の規範文法の歴史は浅い。しかし，現在，英語が世界語として絶対的な存在であるとの認識が強すぎるあまりか，規範文法も昔から存在し不変であると誤解されることがある。次節では，どのような経緯で18世紀に規範文法ができあがったかを概観する。

第2節 規範文法の成立

初期近代英語期はイギリス・ルネサンスの時代と重なる。イギリスは15世紀後半に死闘を尽くしたバラ戦争（Wars of the Roses；1455-85）と呼ばれる内乱を経て，中世から近代へと生まれ変わった。16世紀後半のエリザベス1世（Elizabeth I, 1533-1603）の統治下では，父王ヘンリー8世（Henry VIII, 1491-1547）が引き起こした宗教問題や大陸との国際情勢において憂慮の種が山積していたものの，後世に黄金時代と讃えられるようなイギリス・ルネサンスの華々しい文化が開いた。1588年，イングランドがエリザベス女王のもと，フェリペ2世（Philip II, 1527-98）率いるスペイン

無敵艦隊を破ったことは歴史上に名高い。この事件により，ヨーロッパにおける政治・軍事・交易の大国たるスペインの威信が揺らぐこととなり，代わってイングランドが国際情勢に影響力をもつようになった。この事件がもつ英語史上の意義は小さくない。13-14世紀に戦った百年戦争の後，かつてフランスにもっていた領土をすべて失ってしまったイングランドは，長らく国際的な威信をすっかりなくしていた。そこへ今回の起死回生の大国スペイン打倒である。イングランドはこれにより競争力と自信を取り戻した。

　イングランドの勢いは止まらなかった。ウィリアム・シェイクスピア（William Shakespeare, 1564-1616）が現われてエリザベス朝の文芸の絶頂期を体現した。探検家ウォルター・ローリー（Sir Walter Raleigh, 1552-1618）が新大陸を目指した。そして1607年，イングランド人による初めてのアメリカ植民地ジェイムズタウン（Jamestown）が建設された。このように国威が発揚するなか，国家語たる英語が賛美されるのも当然の成り行きだった。長いフランス語のくびきにあった中世が終わり，ルネサンスの開放感に酔いしれていたのだから，なおさらである。しかし，イングランド人は英語を賛美しながらも，どこか不安を感じていた。それは，英語に真の実力がないことを感じていたからである。フランス語に追いつけ追い越せの目標は達成したが，いまや新しい高みにラテン語という偉大な言語が鎮座しており，それと比較すると英語はいまだ赤ん坊のような言語だと思われたのである。折しも古典復興のルネサンス期であり，ラテン語の威信はいやましに高まっていた。

　ラテン語は古代ローマ帝国の言語として，古代・中世・近代を

通じてヨーロッパの教会人や知識人のリンガフランカとして機能していた。イギリスでもラテン語は長らくキリスト教と学問の言語であり続け、中世から近代を通じて主要な科学的著作も多くが英語ではなくラテン語で書き続けられた。ちょうど現代で国際的な読者を想定した文書が英語で書かれるのと同様に、当時は国際的な読者を想定するのであれば発信の媒体はラテン語である必要があった。16世紀のイギリス人が自国と自国語に誇りを感じ始めていたときに、比較しなければならなかったのは、このように伝統と威信のあるラテン語だった。ヨーロッパ世界で長らく踏み固められ、文法、語彙、綴り字のすべての面で洗練されてきたラテン語に対して、新興の英語がすぐに太刀打ちできるわけもない。ラテン語の基本的な文法書は実に1000年以上変わっておらず、時の試練に耐えて磨き抜かれていたのである。このような時代背景を背負っていた16世紀のイギリス人は、英語に対して優越感と劣等感を合わせもつことになった。

　しかし、英語を話す者たちは手をこまねいているわけではなかった。この先200年以上かかるとは誰も予想しなかったに違いないが、かれらはラテン語の威信に近づくべく英語を洗練するという大事業を始めたのである。語彙については、追いつけ追い越せの目標であるラテン語から直接に大量借用をすることでラテン語を英語化するという策に出た。16世紀の借用はそれこそ湯水のごとくで、同世紀の借用語総数1万3000語のうち7000語までがラテン語からだった。英語は劣等感を抱いていたその相手を取り込んでしまうことで問題を解決したわけである。このようにほんの数十年で語彙の弱点を克服したというのは偉業のように思えるが、英語はすでにこの手の外来語の大量借用には慣れていた。古

英語後期の古ノルド語，中英語期のフランス語ですでに英語の包容力は実証済みであり，またラテン語自体にも長らく慣れ親しんできた経緯があり，今回のラテン語借用の勢いは見た目ほど意外なことではないのかもしれない。

　こうして英語の語彙の問題がおよそ解決すると，次は綴り字の固定化に着手した。もっとも，綴り字の固定化は近代英語期に始まったわけではない。書き言葉の標準化は14世紀後半から緩やかに始まっていたし，1476年，カクストンの活版印刷術の導入により，綴りたい放題に近かった中英語式の綴り字習慣はすでに変容しつつあった。綴り字の標準化はこの後，17世紀半ばまでにその骨格が定まった。最終的には18世紀半ばのジョンソンの辞書の完成を待つことになるが，綴り字の標準化は語彙の増強と同様におよそ順調に推移したといってよいだろう。

　最後に残った問題は文法だった。語彙や綴り字と異なり，文法において英語がラテン語に相応するという自信を獲得したのは，ずっと後，18世紀の終わりを待たなければならなかった。文法についても仰ぐべきお手本はやはりラテン語だったが，ラテン語を参考にして英語の規範文法を作ろうとしても，そうはうまくゆかない。語彙であればそのまま借用するという便法が可能だったが，異なる言語の文法を流用するのはあまりに無理がある。ラテン語は古英語のような屈折的な言語であるのに対し，近代英語はすでに非屈折的な言語へと舵を切って久しかった。言ってみれば，ラテン語を持ち出して英語を記述するということは，古英語の文法をもって現代英語を記述するようなものであって，破綻を来すことは明らかだった。しかし，ラテン語文法を完全に身につけていた初期近代英語期の文法家たちは，英文法を記述するとき

第7章　「英文法は固定している」

にもラテン文法の発想からなかなか抜けきれなかったのである。また，文法は理屈そのものではなく，特に語法については個々の言語に特有の慣用というものがあるという事実も，ラテン語の魔力によってかき消されてしまう傾向があった。このような理由で，英語がラテン語から脱皮して独自の規範文法をもつまでにはかなりの時間を要することになった。

　文法論争は17世紀，18世紀と続いた。この時代には，規範文法書が続々と出版された。特に影響の大きかったのは1762年に出版されたロバート・ラウス (Robert Lowth, 1710-87) の著した *A Short Introduction to English Grammar* である。世紀の終わりまでに22版を重ねたというから，絶大な人気ぶりである。だが，そもそも規範文法書の「規範」の拠りどころとは何か。考え方は，大きく二つに分けられる。一つは理性である。18世紀は秩序と規範を重んじる「理性の時代」だった。上記のラウスや，言語を統制するアカデミーを設立しようと考えた文豪ジョナサン・スウィフト (Jonathan Swift, 1667-1745) が拠ったのはこの「理性」であった。論理的，合理的であるかどうかという観点から，ある語法の是非を論じたのである。例えば *between* は語源的には *by two* であるから，二つのもののあいだを表わす場合にのみ使えるといった具合である。また，2重否定によって否定を強調するという語法は，マイナス×マイナス＝プラスで論理的には肯定になってしまうので断固として許せない，といった風である。理性主義においては，お手本である「理性的な」ラテン語文法の影響が強かったことはいうまでもない。

　一方で，ジョンソンなどは厳格な「理性」よりも伝統に基づく「慣用」を重んじた。慣用論者は品位のある王侯貴族や文人墨客

に使われ続けてきた言葉こそが守るべき規範であると考えた。ラウスと文法書の出版競争をして負けに回ったジョセフ・プリーストリー（Joseph Priestley, 1733-1804）も慣用論者だった。おもしろいことに，この慣用重視の態度は，スウィフトなどイギリスのアカデミー設立論者が大いに影響を受けたお隣フランスのアカデミー・フランセーズの取っていた立場なのである。つまり，イギリスのアカデミー設立論者は，言語を統制するアカデミー設立の思想こそフランスから学んだが，アカデミー運営の方針たる慣用論には反対していたことになる。これには理由があった。フランスには，品位のある王侯貴族や文人墨客の言葉があった。ところがイギリスではどうだったか。1066年のノルマン征服以来，フランス系の王朝が続き，さらにウェールズ系のチューダー朝，スコットランド系のスチュアート朝と，アングロサクソンから見ると外国人の王朝が続いた。1688年の名誉革命後，王位についたのはオランダ人ウィリアム3世（William III, 1650-1702）やドイツ人ジョージ1世（George I, 1660-1727）である。18世紀前半まで，規範とすべき品位の言葉を話しうる人々の先頭に立つはずの国王が，場合によっては英語をろくに話さない外国人だったわけであり，時の文法家の多くが慣用に頼ることはできないと判断したのは無理からぬことだった。このような状況で，イギリスの多くの文法家は「理性」を選ばざるを得なかったのである。

　だが，先に述べたように，理屈をそのまま文法にすることは所詮無理な話である。個々の言語にはそれぞれの慣用があり，人々はそれに従っている。慣用論者は粘り強く議論したし，理性派も無意識のうちに多くの慣用を規範文法に組み入れていたというのが事実である。理性と慣用の比率を適当に割り振りながら，18

世紀の文法家たちは各自の規範文法の正当性を世の人々に問い，結果として18世紀後半は出版合戦となった。長い規範文法論争に疲れきった国民が，最終的にどの著者の規範文法書を買うかという，一種の国民投票によって決着をつけようとしたことは，まさに民衆の知恵だったといえよう。一般の英語国民にとって規範文法が重要だったのは，それが社会の階段を上るための手段と考えられたからである。正しい言葉遣いを習得すれば自分に利益になる，社会的な信用を得られる。これは現代にも通じる考え方だが，社会が本格的に流動化しつつあった当時の国民には大きな関心事だった。

　最終的に，この形を変えた国民投票で選ばれたのはラウスを下敷きにしながらも理性と慣用を絶妙のバランスで折衷したリンドリー・マレー（Lindley Murray, 1745-1826）の文法書 *English Grammar*（1795）だった。英語の規範文法の祖となったこの文法書は，現代までに世界中で少なくとも200版を重ねる大ベストセラーとなった。マレーが倦むほどに長い理性と慣用の論争の後にうまい落としどころを見つけ出すことができたのは，彼が英文法の専門家ではなく，和解調停を得意とした平和主義の法律家だったからかもしれない。

　現在，英語を母語とする社会においては，言語の規範は文法書や辞書に明記されているとする「規範ありき」の考え方が一般的である。しかし，この現代的な規範観は，上に述べたような長く熱い議論が繰り広げられた過程で生み出されたものであって，最初からあったわけではない。規範文法はこのように完全な理屈ではなく慣用を含めた折衷文法であるから，たたけば埃が出る。しかし，うんざりするほどの長い年月をかけて論争されてきたとい

う経緯を思うと，議論を蒸し返して，再度規範文法を批評するのもためらわれる。一筋縄ではゆかない現代英文法のもつ特異性と不合理は，長い議論によって醸成されてきたうまみと考えることもできるのではないだろうか。こうして英語はついに自らの規範文法をもつに至った。つい200年ほど前の出来事である。

第3節 文法は変わる

　英文法は固定しているという表題の誤解は，二つの意味において打破される。一つは，「文法」を話者が頭のなかに無意識的にもっている文法として捉える場合には，それが時間とともに変化するものであることはすでに本書でも見てきた。屈折を多用する言語だった古英語が，中英語以降には語順を重視する言語となったことは，英文法上の一大変化である。言語が変化する存在である以上，今後も英語は文法を変化させてゆくだろう。今後の文法変化の速度や規模はかつてあったものと比較されうるかどうかは議論の余地があるが，少なくとも文法が不動のままであることはないだろう。

　もう一つは，「文法」を文法家が意識的に作り出した制度として捉える場合にも，やはり変化は免れないということである。18世紀終わりまでに原型が作られた英語の規範文法は，現在でも母語話者にも非母語話者にも絶大な影響力をもち続けている。特に書き言葉を重視する教育現場ではそうである。したがって，規範文法は不動でありうる，あるいは少なくとも標準的な書き言

葉での文法変化は起こりにくいという議論はなしうるかもしれない。しかし，理性派の権化であるラウスですら述べているように，規範文法も時代とともに変わりうるものである。

　基盤の固い規範文法に変容を迫る要因の一つに，口語表現の存在がある。もし書き言葉と話し言葉が常に明確に区別されるものであれば，互いの影響は少ないかもしれない。しかし，本質的に書き言葉は話し言葉を写し取るという役割を担っており，互いの連携は密である。また，書き言葉と話し言葉の境は必ずしも明確ではなく，そのあいだには中間的な段階が無数に存在する。例えば，講演や演説は口頭でなされるものの，書き言葉に比較される「遠いことば」である。逆に，チャットやツイッターは文字を通じてなされるものの，話し言葉に匹敵する「近いことば」である。近年ではコミュニケーション技術の発展により，書き言葉と話し言葉の距離が日に日に近くなってきている。書き言葉を主な守備範囲としてきた規範文法が話し言葉にも影響を広げる可能性があるのと同時に，口語で起こる言語変化が書き言葉に影響を与え，規範文法や規範文法観を変容させるという可能性もある。

　記述文法と規範文法，いずれの意味の文法であっても，話者が存在してその言語を生きた言語として活用している限り，固定化することはない。外国語として英語を学ぶ者にとっては，紆余曲折を経て発展してきた規範文法を手堅く身につけつつ，一方で文法は揺れ動くものであるという柔軟な視点をもって英語に対してゆくのが現実的な態度なのではないだろうか。

第8章

「イギリス英語とアメリカ英語は
　大きく異なっている」

第 1 節 英語の英米差

　英語の英米差は英語学習者にも広く関心をもたれる話題である。筆者の大学の授業で自由レポートを課しても，英語の英米差の話題を選ぶ学生が非常に多い。現在，英語の変種は世界に広がっており"Englishes"と複数形で呼ばれるようになってきているが，大多数の英語学習者にとってイギリス英語とアメリカ英語が最大の関心事であることは間違いない。英語の変種は数あれど，英米変種のみで英語母語話者の8割以上を占めるのであるから，関心が寄せられるのは自然だろう。

　英米差の話題が学習者の関心を引くのは，具体的な相違点を知っておくと二つの英語を聞き分けることができるという実際的な理由もあるだろう。しかし，この話題は実は当の英米人たちにとってこそ関心のある話題である。日本語でも方言や訛りは話題になりやすい。同じ言語の異なる現われというのは人々に好まれるトピックなのだろう。英米人は両国が歴史的に深い関係にあり，言語文化的にも互いに強く結束していることを自認している。だからこそ互いに異なる発音や語法を見つけては方言差としておもしろがっているのである。"divided by a common language"（共通の言語によって分断されている）や"on the other side of the pond"（池〔大西洋〕の向こう側）などという表現が示すように，英米人は互いの差を意識しながら英語を使い続けてきた。方言差とは互いに意思疎通の上でほとんど害がないからこそ楽しめるのであって，意思疎通できないほどに異なっているのであれば，楽しむことはで

きない。英語の英米差も同じで，この世界の2大変種は実はよく言われるほどは異なってはいないからこそ，差異が際立ち，人々の関心を誘うのである。

　では，イギリス英語とアメリカ英語は具体的にどのような違いがあるのだろうか。以下の表現のペアは，左側がアメリカ英語，右側がイギリス英語と結びつけられることの多い語句，文法，語形，意味，綴り字である。

1. 「1階」：*first floor / ground floor*
2. 「ポテトチップ」：*potato chip / crisp*
3. 「行列」：*line / queue*
4. *I demanded that he not leave / I demanded that he should not leave*
5. *get* の過去分詞形：*gotten / got*
6. *corn*：「トウモロコシ」/「穀物」
7. 「〜から〜まで（含めて）」：*The tour lasted from May through August / The tour lasted from May to August inclusive*
8. 「色」の綴り字：*color / colour*

　英語変種に限らず言語の変種のあいだの差異は，語彙と発音に顕著に現われることが多い。特に発音の差異は，実際に英米人が互いの変種を認識する際に最初に注目する点である。表8-1に示される発音の違いがとりわけ顕著である。

　英米変種に見られる個々の差異を挙げ始めればきりがないが，アメリカ英語がイギリス英語とどのように異なるかについて何らかの一般的な傾向はあるのだろうか。アメリカ英語の特徴を一般化するならば，次の3点に要約できるかもしれない。一つ目は，合理主義である。アメリカ英語は少なくとも綴り字と発音の関係

表8-1 | 英米の発音の差異

	アメリカ英語	イギリス英語
star	[stɑːr]	[stɑː]
bird	[bərd]	[bəːd]
ask	[æsk]	[ɑːsk]
hot	[hɑt]	[hɔt]
water	[ˈwɑːɾər]	[ˈwɔːtə]

についてイギリス英語よりも合理的な数々の特徴を示す。例えば、イギリス英語で〈colour〉、〈centre〉、〈amoeba〉と典型的に綴られる語がアメリカ英語では〈color〉、〈center〉、〈ameba〉のように、より短く、合理的に綴られる。ここには綴り字と発音の関係を近づけようとする作用が見られる。同様に、必ずしも標準的な綴り字とはなってはいないが、〈through〉の代わりに〈thru〉を、〈light〉の代わりに〈lite〉を用いる綴り字習慣はアメリカ発である。第6章第4節で触れた綴り字発音もアメリカ発のものが多い。このような合理主義には、非合理的な伝統からの脱却という社会的な側面があり、既存の規範や前例の軽視にもつながっている。

　アメリカ英語の二つ目の特徴は、アメリカは国土がイギリスの約40倍あるにもかかわらず、方言差が僅少であることだ。狭い国土に無数の地域方言がひしめくイギリスや日本の感覚からすると、驚くほど言語的に同質である。もちろん方言差がないわけではなくあくまでイギリス英語と比較しての話ではあるが、言語的同質性はアメリカ英語のもつ重要な特徴の一つといってよい。

　三つ目の特徴は、口語的・俗語的で軽妙な語彙や語法が豊富に存在することである。例えば、ベンジャミン・フランクリン

(Benjamin Franklin, 1706-90) は，アメリカ英語には *drunk*（酔っぱらった）に対応する表現が228もあると述べており，実際にその多くが辞書に記載されていない酒場での俗語である。現在でもアメリカ英語の軽妙な俗語表現は健在である。

　イギリス英語に対するアメリカ英語特有の表現やアメリカ英語の一般的な特徴を指摘したが，そもそもアメリカ英語がイギリス英語から生まれ出た変種でありながら，独自の言語的特徴をもつに至ったのはなぜだろうか。アメリカ英語の誕生と発達の歴史を概説してゆこう。

第2節 アメリカ英語の発展

　アメリカ英語の歴史は，当然のことながらイギリス英語の歴史よりもずっと短い。ここでは，第1期（1607-1790年），第2期（1790-1920年），第3期（1920年-現在）と時代区分しよう。第1期は英語がアメリカにもたらされ，アメリカ英語が形成された時期である。イギリス人がアメリカへの植民を初めて成功させたのは，1607年のことだった。主にイングランド西部出身の人々を乗せた船は，アメリカ南部のヴァージニアにたどり着いた。この植民地は，時のイギリス王ジェイムズ1世にちなんでジェイムズタウンと名付けられた。1607年という年は，英語が本格的にアメリカへ持ち込まれた年であり，英語史的には新たな時代の幕開けとして重要な年代である。次の植民は，1620年のことである。この年，主にイングランド東部・南部を出身地とする清教徒たち

が宗教的迫害を逃れるべくメイフラワー号に乗ってイギリスを出帆した。彼らはアメリカ北部，マサチューセッツ南西部のプリマス付近にたどり着き，植民地を建設した。彼らはピルグリム・ファーザーズ（Pilgrim Fathers）と呼ばれ，アメリカ史の幕を開けた人々としてアメリカ人の記憶に深く刻まれている。次に，17世紀の後半以降，イングランド中部・北部出身の多かったクエーカー教徒がペンシルベニアへ渡った。こうして，17世紀にはイングランドの各地からアメリカ大西洋岸の各地へと植民・移住が行なわれ，後のアメリカ発展の礎を築いた。

　18世紀の半ばになると，スコットランド系アイルランド人がアメリカ中部へと渡った。彼らはその1世紀ほど前にイングランドによる政治的迫害を逃れてアイルランドへ移住したスコットランド人に由来し，さらなる新天地を求めて大西洋を渡ったのだった。アメリカ中部に入ったスコットランド系アイルランド人は持ち前の進取の気性によりさらに西の辺境地に分け入ってゆき，その後西部開拓の推進力となった。アメリカとアメリカ英語を作り上げた立役者といえるだろう。アメリカの独立宣言が最終的に全州に批准された1790年をもって，アメリカの植民地時代は終了する。以上がアメリカ英語の形成の時代，第1期である。

　第2期は19世紀を中心とする時期でアメリカ英語の成長期である。1861-65年の南北戦争を境に前期と後期に分けられる。この時期は，アメリカの独立国としての意識の高まり，領土の拡大，西部開拓，大量の移民の流入などによって特徴づけられ，アメリカ英語が以前よりも明確に独自路線を歩み出した時期である。19世紀半ばにはアイルランドの大飢饉，ドイツの革命を契機に，両国からの移民がアメリカに殺到した。同世紀の後期から

は北欧，中欧，南欧からの移民が大量にアメリカに押し寄せた。こうした多民族の混交により英語も混合し，アメリカ中部方言を基盤とした混合英語がアメリカ内陸部へと広がっていった。西部開拓と結びつけられるフロンティア精神に支えられた社会・文化を背景に，アメリカ英語らしい軽妙な口語・俗語表現が大量に生み出され，かつてフランスやスペインの植民地だった経緯や移民の歴史を背景に，諸言語から借用語が流入したのもこの時期である。南北戦争後，イギリス英語に対するアメリカ語法が市民権を得るに従い，短縮や混成による短い名詞の造語や句動詞の使用が拡大し，アメリカ独自の英語が開拓されていった。俗語表現を多く含むアメリカ語法の発達は，アメリカ特有の反骨精神と斬新さを体現する言語活動として解釈されよう。こうしてイギリス英語と一線を画する変種としてアメリカ英語が国内外に存在感を示すようになった。

　第3期は第1次世界大戦以降，現在まで続く時期で，アメリカ英語の拡大期である。第1次大戦後のアメリカは，イギリスを抑え世界の超大国へと成長した。政治，経済，軍事，文化などの分野で世界を牽引する役割を担うようになり，それに伴ってアメリカ英語がイギリス英語を含めた世界の英語変種に大きな影響力を及ぼすようになった。アメリカは，いまや世界の共通語としての英語を強力に推進する母体となったのである。

　約400年の歴史を通じて，アメリカで話される英語がイギリス英語から徐々に独立してきたことが見て取れるだろう。このなかでもアメリカ英語の話者にとって心理的に最も大きな契機は，アメリカの独立であることは間違いない。歴史上の多くの事例が示しているように，政治的な独立の志向と言語的な独立の志向は表

裏一体である。アメリカの政治的な独立の前後の時代には，強烈な愛国心に裏打ちされたアメリカ英語信奉者が現われた。アメリカ英語の確立に最も大きな貢献をした個人として辞書編纂者ノア・ウェブスター（Noah Webster, 1758-1843）を挙げないわけにはゆかない。1828年にウェブスターが出版した辞書 *An American Dictionary of the English Language* は現在に至るまでアメリカ英語辞書の最高峰であり，記念碑的な存在である。この辞書とその前身となるウェブスターの一連の綴り字教本は，当時飛ぶように売れた。ウェブスターは従来のイギリス式綴り字の不合理をかこち，綴り字改革を推進しようと立ち上がった。初期には急進的な改革案をもっていたが，最終的には先述した〈color〉や〈center〉などに代表される穏健な改革案に落ち着き，それが辞書にも反映された。表向きは合理主義の名のもとでの改革だったが，そこにはアメリカの国家としての独立やイギリスに対する独自のアイデンティティの確立といった政治的な意図が含まれていたことは確かである。

　ウェブスターに象徴されるアメリカへの愛着に基づいたアメリカ英語びいきとイギリス英語離れの潮流は，20世紀まで脈々と受け継がれてきた。アメリカ英語に関する初の本格的な研究書 *The American Language* を著したメンケン（Henry Lous Mencken, 1880-1956）も，ウェブスター以降のこの流れを受け継いでいる。メンケンは社会批評家としてアメリカで活躍した著名人であるが，その著書には彼のアメリカへの自信と愛着が随所に色濃く反映されており，特にイギリス英語に対してアメリカ英語のほうが優勢であるとする持論は彼の愛国心を映し出しているといえよう。ウェブスターやメンケンはアメリカ国民全体の意見を必ずし

も代弁しているわけではないが，ともに国民的な著名人として受け入れられていることから，アメリカ国民の意識の典型を示しているとは思われる。

第3節 アメリカ英語の連続性

　前節ではアメリカ英語がイギリス英語から分かれてゆく過程を概説したが，本節では両変種の連続性に焦点を当てたい。連続性を考えるにあたって，初期の移民がイギリス諸島のどの地方からアメリカ大西洋岸のどの地方へ渡ったかに注目してみよう。移民者は多種多様であり，彼らを乗せた船は諸方言，諸言語のるつぼだったが，時期に応じて出身地や階級に関してのおよその傾向は見られた。したがって，変種のるつぼであるにしても，混成の基盤となる主要な変種は判別できる場合が多い。1607年のジェイムズタウンの建設に関わった移民たちはイングランド西部の出身者が多かった。1620年のプリマスの入植に関わった移民たちは，多くがイングランド東部・南部の出身であった。17世紀後半にペンシルベニアへ渡ったクエーカー教徒はイングランド中部・北部の出身者が多く，18世紀半ばには同地域へスコットランド系アイルランド人が渡ってきた。最後に挙げた集団がその後，西部を開拓する原動力となったことは先に触れた通りである。こうした多種多様な移民が行なわれた結果，アメリカで話される英語は大きく北部，中部，南部の三つの方言へと区分されることになった。現代英語にまで続くアメリカ英語の方言区分を示そう（図

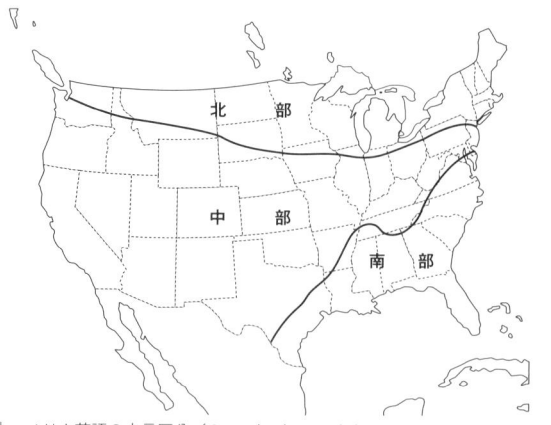

図8-1 | アメリカ英語の方言区分（Crystal, *The English Language* の図をもとに作成）

8-1参照）。

　圧倒的に広い範囲を覆っている中部方言が典型的なアメリカ英語として世界中に広く知られているが、アメリカ国内ではあくまで一つの方言にすぎず、他の方言に対して特別な威信があるというわけではない。ただメディアなどで最も広く聞かれるので、アメリカ英語そのものと同一視される傾向があるということである。

　単純化していえば、アメリカ英語の方言区分は、初期の移民たちの出身地たるイギリス諸島での方言差に対応する。もちろん移民たちは、もともとの純粋な方言をアメリカに渡ってからも保持していたわけではなく、互いに言語的に混じり合い独自の変種を発達させてきた。しかし、概していえば元の方言とは相違点よりも類似点のほうが多く、アメリカの諸方言はイギリスの諸方言からの継承であると考えるほうが言語的には理にかなっている。アメリカ英語がしばしば16-17世紀のイギリス英語の名残をとどめ

ているといわれるのも，英米の方言の連続性ゆえである。むしろイギリス英語のほうが近代期以降に独自の言語変化を遂げ，16-17世紀の英語の特徴を失ってしまった側面もある。

　一例として英米変種におけるrの発音を取り上げよう。英米人のみならず世界の英語学習者にも広く知られている英語の英米差の代表選手として母音後のrの有無がある。*car* のような語において，アメリカ英語では反り舌音のrが聞かれるが（+r），イギリス英語ではrが聞かれないというものだ（-r）。一見すると明確なこの英米差はあくまで一般論であり，方言別に見るとまったく別の実態が浮かんでくる。

　まず-rであるとされるイギリス英語を見てみよう。図8-2の方言地図にある通り，実はイギリスでも面積にして半分以上の地

図8-2｜イングランドにおける母音後のrの分布（Trudgill, *The Dialects of England* の図をもとに作成）

域では r が発音されていることがわかる。標準イギリス英語とみなされているロンドンを含めたイングランド東部，そしてそこから北部にかけては -r の地域だが，それ以外では綴り字通りに r が発音されている（地図上に (r) で示されている小区画では，単語ごとに +r か -r かが異なる地域である）。イギリス英語といったときに真っ先にイメージされるのがロンドンの標準イギリス英語であるために「イギリス英語 = -r」という等式が成り立つように見えるが，実はそうでないことがわかるだろう。この分布は歴史的に説明できる。古英語，中英語，近代英語を通じて母音後の r は綴り字にある通り原則としてすべて発音されていた。ところが18世紀末頃からロンドン周辺の英語においてこの位置の r が発音されなくなるという音声変化が生じた。この音声変化はロンドン周辺の地域を大きく越えて広がることはなく，現在でもイングランドの大半の地域，スコットランド，アイルランドで r が発音され続けている。

　一方，アメリカではどうか。図 8-3 の方言地図からわかる通り，アメリカ英語の典型とされる中部方言を中心とした広大な地域では +r だが，ニューイングランドや南部の方言は -r である。イギリスの場合と同様に，方言差を考慮に入れれば「アメリカ英語 = +r」という等式は誤りであることがわかる。ここで興味深いのは，アメリカでの r の有無の分布が，移民たちの出身地とおよそ対応していることである。ニューイングランドや南部に入ってきた初期の移民たちは，概してイングランド南半の諸地域の出身が多かった。イングランド南半はイングランド北半と比べて，地理的にも方言的にもロンドン（英語）に比較的近い。初期の移民は 17 世紀のことだが，それ以降も上記のアメリカの 2 方

図8-3 | アメリカにおける母音後のrの分布（若田部博哉『英語史IIIB』の図をもとに作成）

言はロンドン方言と比較的緊密に連携を取り続けていた。

　それと対照的に，アメリカの中部地方へ入った初期の移民はイングランドの中部や北部を出身とする者が多かった。また，後にこの地域に入り込み西部開拓の推進力となった勢力は，スコットランド系アイルランド人だった。イギリス諸島での故郷がロンドンから離れた地方であったこれらの移民たちは，もちろん当初からrの発音をもってアメリカに乗り込んだし，それ以降も従来のrの発音をもち続けて中部方言を発達させてきたのである。

　移民者の出身地とその後の言語行動に照らして英米のrの有無の分布を眺めると「アメリカ英語＝＋r」「イギリス英語＝－r」という等式は，それぞれアメリカとイギリスの標準的な英語変種のみを比較した一面的な見方であることがわかる。さらに，一般にいわれるrに関する図式的な英米差は，実は英米差というべきものではなく，もともとのイギリス内での方言差に還元されうる問題であることもわかる。無論これは単純化した議論ではある

が，英語の英米差が強調される機会の多いなかで，逆に両者の歴史的連続性を思い起こさせる例として覚えておきたい。

　r の分布の例は，英語の英米変種の連続性を示すのに役立つと同時に「イギリス（英語）＝保守的」「アメリカ（英語）＝革新的」という固定観念を打破するのにも役立つ。実際にはアメリカ英語とイギリス英語のどちらがより保守的か革新的かを客観的に決めることは難しい。英語はこれまでに言語の類型を180度近く転換させる文法変化を経たり，大母音推移といった大規模な音声変化を経験してきた。これらの大変化が起こったのはいずれもイギリスの地においてである。したがって，イギリス英語が保守的であるなどとは決していえないはずだ。一方，アメリカが革新的であるという紋切り型のイメージも，言語においては必ずしも当てはまらない。r の場合のように，アメリカ英語のほうがイギリス英語よりも古い段階の言語特徴を保っている例は少なくない。アメリカ英語もイギリス英語もある点では保守的であり，ある点では革新的である。

　いずれの変種にも革新性と保守性は備わっており，どちらがより革新的なのか保守的なのかは判然としない。だが，近年のみの状況を考えると，アメリカ英語のほうが革新性に富んでいるといってよいかもしれない。アメリカ英語がイギリス英語の数倍の話者を有しているという事実，またコンピュータ技術など大量の語彙を生み出す産業においてアメリカが圧倒的な優位を示しているという事実に鑑みて，それは自然なことかもしれない。

　本節ではイギリス英語とアメリカ英語のあいだには歴史的連続性があり，広く信じられているほどの差異はないことを強調した。また，多少なりとも存在する英米間の差異もかつてのイギリ

スの方言間の差異に由来するものが多いことを示した。最後に，英米間の差異の一部は，アメリカ英語で独自に起こった革新によるものだけではなく，イギリス英語で独自に起こった革新によるものもあり，各変種の保守性と革新性が異なった形で表出した結果であることを述べた。上記を踏まえ，本章の表題の主張が妥当かどうか，改めて考えていただきたい。

第4節 英語のアメリカ化

英語の英米差が注目されることが多いのは，各変種の背景に異なる国家が控えているという政治的な事情が手伝っているだろう。ウェブスターやメンケンがアメリカ英語の独自性を強調したのも，背景には政治的な意図，アイデンティティの模索という側面があったからである。初期近代英語期まではおよそブリテン島に閉じこもっていた英語が，アメリカの独立によりアメリカ英語という存在感のある変種が現われるに及んで，目に見える枝分かれを始めた。メンケンはラテン語がフランス語やスペイン語へ枝分かれしていったのと同じように，英語もイギリス英語とアメリカ英語に枝分かれしてゆくだろうということを長らく信じていたのは前述した通りである。しかし，そのメンケンも晩年には，そのような流れではなくなりつつあることを悟った。二手に枝分かれしていたはずの英語が，アメリカ英語の優位のもとにイギリス英語を徐々に飲み込み，結果として再び合流するのではないかと感じるようになったのだろう。

第1次世界大戦後のアメリカの影響力の拡大は英語にも及び，かつてアメリカ語法とされた *advocate*, *lengthy*, *you're out* などの表現の多くが，現在ではイギリスでも普通に用いられている。イギリス人のなかにはアメリカ語法を堕落として批判する者も少なくないが，当の本人が知らず知らずのうちにアメリカ語法を使用しているということもままある。多くのアメリカ語法は数十年，いや数年を経ると，アメリカ語法として意識されなくなり，自然とイギリス英語に定着してきた。メディアを通じて爆発的に広がるアメリカ英語の影響力やアメリカ英語に基づいた英語教育の広がりを考えると，今後もアメリカ語法がイギリスにも世界にも浸透してゆくという傾向は続くだろう。

　外からの影響に対して比較的耐性の強い発音においてすらアメリカ英語の影響は見られる。例えば, *harass* のアクセントは英米変種ともに前にも後にも落ちうるが，アメリカでは [ˈhærəs] が圧倒的である。イギリスでは伝統的な発音は [həˈrɑːs] だが，1970年代からイギリスでも [ˈhærəs] が聞かれるようになってきた。特にイギリスの若年層でアメリカ型の [ˈhærəs] が増えてきていることを考えると，伝統的な発音が駆逐されるのも時間の問題かもしれない。文法でもアメリカ英語の影響は見られる。例えば，イギリスでも *insist* などに続く that 節内で仮定法現在が使われるようになってきている。

　このような傾向を考えると，本章の冒頭で提示したような英米表現の対照表などは，次第に意味をなさなくなってきているのかもしれない。そもそも英米差と一口にいっても，どちらかの変種でしか使われない表現というのは少ない。多くの場合，相対的な頻度に差がある程度である。近年のアメリカ語法がイギリス英語

(のみならず世界中の英語)に与えている影響の大きさを考えると，英米差は日々小さくなっているといえよう。英米表現の対照表は伝統的な英語の英米差をおもしろく強調する役割を果たすことはできても，英米変種の関係について現状と未来を正確に把握することを多少なりとも妨げているのかもしれない。アメリカ語法(Americanism)を指摘する時代は終わりつつあり，アメリカ英語化(Americanization)を語るべき時代にすでに突入しているのである。

第9章
「英語は簡単だから世界共通語になった」

第 1 節 世界語の条件

　英語が世界語になったのはなぜか。多くの人々が，英語が世界語であることを自明のこととみなしているが，ふと立ち止まって疑問を抱くことがあるかもしれない。約7000あるといわれる言語のなかで，なぜ英語が選ばれたのか。この問いに対して日本人が与える答えとして非常に多いものに「英語は簡単だから」というものがある。

　この回答の背景には二つの要因があると思われる。一つは，相対的に日本語のほうが難しいという先入観，もう一つは，世界中の人々が使いこなしているのだから，それほど習得が難しいわけがない，という考え方である。しかし，英語の歴史をここまで読み進めてきた読者は，もう一つ別の視点から英語の簡単さを主張するかもしれない。第5章で論じたように，英語は文法のある側面において明らかに単純化してきたように見える。英語は，古ノルド語やフランス語との言語接触に後押しされて，他の多くの印欧諸語がもっている格や文法性を摩耗させてきた。これによって英語の文法が大いに単純化してきたことは議論済みである。言語の難易度を客観的に計ることがいくら難しいとはいえ，格の屈折や文法性を失ったことそれ自体は，単純化とみなしてよいのではないだろうか。ここに，英語の文法の単純化の過程と英語の普及は関係しているのではないか，そこに因果関係を見ないほうが不自然ではないか，という考え方が生じる。この議論は一見するとうまくゆきそうだが，歴史上の世界語を比較してみると，簡単に

は受け入れられない議論であることがわかる。

　人類言語史上，地球レベルでの「世界」を覆った言語はない。近未来に英語がその前人未踏の地位に達する可能性はあるかもしれないが，少なくともこれまでの歴史ではなかった。ただ「世界」を地球レベルではなく，その時代その時代で「世界」とみなされてきた局地的な意味で用いるのであれば，世界語はいくつも存在した。古代地中海世界ではギリシア語が，中世ヨーロッパ世界ではラテン語が世界語の役割を果たした。中世以降のイスラム世界ではアラビア語が世界語に匹敵する影響力をもった。日本を含め東アジアの世界では古来，中国語が共通語としての役割を果たし，周辺国の知識人階層は競って中国語を学んだ。このように，その時代その時代での世界語は存在したが，それらの言語が言語的に単純だから世界語になったのかといえば，まったくそうではない。難易度の測定の問題はあるとはいえ，英語の場合に議論の仮定として受け入れた「格の屈折や文法性がないほうがより単純」という基準で考えるのであれば，ギリシア語やラテン語などは古英語よりはるかに複雑な屈折体系をもっていた。

　ラテン語を例に取ってみよう。ラテン語の文法は印欧祖語の文法を受け継いだ典型的な屈折語の文法であり，古英語よりも屈折の種類が多い。名詞に関していえば男性・女性・中性の3性の区別は古英語と同じだが，格については古英語に見られる主格，対格，属格，与格に加え，奪格と呼格なるものが存在する。動詞に関していえば，古英語には存在しない未来形の屈折があるし，接続法や命令法が2系列あるなど，相当に込み入っている。語順の自由度も古英語より高い。このような言語がヨーロッパでは長らく世界語として君臨していたのである。ギリシア語に至っては，

ラテン語よりもさらに屈折の度合いが高い。ここまで見てくれば，簡単だから世界共通語になるのだという理屈は通らないことがわかる。また，世界に約7000あるといわれる言語のうち，英語やラテン語などよりも（少なくとも格の屈折という点で）単純な言語はいくらでも存在する。例えば，ベトナム語など独立語と呼ばれるタイプの言語がそれだが，この言語が世界語になっていないのはなぜか。あるいは，人工言語であるエスペラント語は，広く用いられるようにあえて単純な文法が埋め込まれているが，世界語になっていないのはなぜか。言語的に単純かどうかという視点では，説明がつかない。

では，歴史上の世界語に共通する，世界語になるための要件とは何か。歴代の世界語が世界語になったのは，その言語に内在する言語的な特徴ゆえではなく，その言語の話し手の社会的な影響力ゆえである。具体的には，政治力，経済力，軍事力，文化力，技術力などである。逆にいえば，この要件さえ整えば，どのように複雑な文法をもった言語であろうとも世界語となることができると考えられる。ラテン語，ギリシア語，アラビア語，中国語，英語に共通してみられる言語的特徴はないが，その話者たちには共通した歴史的な役割がある。かれらは，それぞれ当時の局地的な世界において社会的な影響力をもっていたのである。その言語的特徴ゆえに他に勝っていたのではなく，独立した別の理由，すなわち政治的，経済的，軍事的，文化的，技術的な理由で他に勝っていたからこそ，その言語を世界へ広めることができたのである。この因果関係を誤解してしまうと，言語的特徴によって社会的な力が生み出されるということになってしまう。

では，英語の話者がいかに実力を蓄え，それを行使し，英語を

広めてきたか。近代における英米を中心とした世界史とそれに伴う英語の拡大を概観しよう。

第2節 イギリスとアメリカのバトンリレー

　中英語後期にブリテン島での地盤を固めた英語は，近代英語期に外に向かって飛び出した。英語の世界的拡大には2回の離散の波があった。第1の離散は，ブリテン諸島から2万5000人ほどの人口がアメリカやオーストラリアなどへ移住したことに端を発する。これにより，新しい母語変種の英語が生まれることとなった。第2の離散は，アジアやアフリカなどの植民地化によるもので，"New Englishes"と呼ばれる非母語変種の英語を発達させた。

　第1の離散では，ブリテン諸島各地の英語話者がそれぞれの方言を引きさげてアメリカ，オーストラリア，ニュージーランド，南アフリカへ渡り，同方言を基盤とした新たな母語変種の英語を生み出した。アメリカ英語の起源と歴史については前章で述べたが，1776年の独立戦争でイギリス王党派についたアメリカ人がノバスコシアなどカナダに逃れ，カナダ英語の形成に重要な役割を果たしたことを付け加えておこう。その後，カナダ英語はイギリスとの親密な連携を続ける一方で，絶大な影響力を誇る隣国アメリカとも日常的に接触し，英米二つの英語の伝統を合わせもつ変種として現在まで発展してきた。こうして北米は主として英語の地域となった。

　イギリスは17世紀にはアメリカ南部とカリブ地域へも触手を

伸ばした。サトウキビを栽培させるために西アフリカから黒人奴隷を大量に移送し，英語とアフリカ諸言語とが混交した接触言語たるピジン語が生み出された。これは英語の語彙を基礎においた，文法の単純化された間に合わせの言語だったが，植民地で生まれた奴隷の子供たちによって母語として習得されるに及び，クレオール語として独自の言語的発展を遂げ，現在に至っている。ピジン語やクレオール語は，英語という範疇に入れるべきかどうかが議論の的になるほど標準的な英語変種とは異なっているが，言語的には標準英語と連続体を形成しており，両者のバイリンガルも少なくない。同様の状況はアフリカ，アジア，太平洋諸島でも発生し，全体として英語諸変種の世界的拡大に寄与してきたことは間違いない。

　第1の離散は，別途南半球へも及んだ。1770年にジェイムズ・クック（James Cook；通称 Captain Cook, 1728-79）が西洋人として初めてオーストラリアを占領した後，1788年にはニュー・サウス・ウェールズに最初の船団が到着し，植民が始まった。当初は受刑者が送られてきたが，後には自由民も移住し，イギリス各地の方言が混ざり合った上に現地のアボリジニーの諸言語の影響がかぶさり，独特なオーストラリア変種の英語が生まれた。同様に，ニュージーランドではイギリス人とマオリ族とのあいだに1840年にワイタンギ条約が交わされ，イギリス諸島から移民が続々とやってきて，ニュージーランド変種の英語が発達することになった。

　南アフリカでの英語使用は19世紀初めにイギリスがオランダよりケープを購入した時期に遡るが，本格的には1820年以降にイギリス人が大規模な移民を行なうようになってからのことであ

る。イギリス移民の最初期には，南東イングランドの田舎出身者が多く，彼らは東ケープへ入り，ケープ英語という独特の変種を発達させた。次の南アフリカへの大規模移民は19世紀半ばに行なわれたが，このときには社会階級の高い者が多く，ヨークシャーやランカシャーなど北イングランド諸州からの移民が多かった。彼らは東部のナタールに住み着き，後に本国とも連絡を取り続けたため，ここの英語変種は威信のあるイギリス標準英語に近いままに保たれた。また，特定の地域に限定されず南アフリカで広く聞かれる一般南アフリカ英語と呼ばれる変種も発達した。

　こうしてイギリス諸島を起源とする英語母語話者は植民地の歴史とともに18-19世紀にかけて世界中に拡散した。英米を中心とする英語母語諸地域の繁栄により，英語は19世紀には世界に大きな影響力をもつことになったのである。しかし，英語の真の影響力は，母語話者の拡散と活躍だけを見ていては理解できない。英語の本格的な拡大は，異なる言語を話す人々とのあいだでの共通語としての発展，すなわち第2言語としての発展によってもたらされた。この第2の離散も，地域によって時期は異なるが，主として18-19世紀に進行していた。

　西アフリカへは，奴隷貿易以前の15世紀からヨーロッパの商船が各地の海岸を訪れており，英語を基盤とするピジン語が早くから交易語として発達していた。例としてはシエラレオーネのクリオ語やカメルーンのカメルーン・ピジン語などが発達し，現在でも当地ではそれぞれ主要な第2言語としての役割を果たしている。西アフリカでは，19世紀後半からイギリスによる植民地時代を経て，ピジン英語と並んで標準イギリス英語も聞かれるようになり，合わせて英語の世界的な拡大に貢献している。東アフリカ

は19世紀終わりから20世紀初頭にかけて ケニア，ウガンダ，タンザニア，マラウィ，ザンビア，ジンバブエがイギリスの保護領や植民地となり，これらの地域では独立後も現在に至るまで英語が公用語として残っているか，あるいは広く通用する言語として機能している。

　英語のインド亜大陸への足がかりは17世紀初頭に東インド会社によって作られた。1765年から1947年にわたるイギリスによるインド統治時代の半ば，1835年に英語教育が本格的に導入され，以降，独立後も現在に至るまでインドは英語と強く結びつけられている国である。現在，インドでは英語は準公用語として，国内コミュニケーションに供する中立的な第2言語として広く用いられている。東南アジア，東アジア，南太平洋では，18世紀終わりのクックの探検によりイギリスの影響力が及び始めた。シンガポール，マレーシア，香港，フィリピン，パプアニューギニアなどの地域に英語が入り込み，国ごとにその扱いは異なるものの，現在に至るまで英語の存在感は大きい。シンガポールでは英語は公用語として広く聞かれ，マレーシアでは1度は英語離れが進んだものの2003年に再び英語による教育体制が導入されている。香港でも2010年に政府によって英語教育重視が宣言された。フィリピンは19世紀の終わり，米西戦争の結果，アメリカが統治権を握ることになり，以降アメリカ英語の影響が色濃い。パプアニューギニアでは英語を基盤とするピジン語として最も有名なものの一つ，トークピジン語が公用語として広く用いられている。

　第1，第2の離散により文字通り世界中に拡散した英語は，母語あるいは第2言語として世界中の人々のあいだのコミュニケー

ションに供する言語となった。歴史を見れば明らかな通り，この世界化の基盤を整えた要因は主として17世紀以降のイギリスの植民地活動にある。英語はイギリスの植民地化に伴って持ち込まれたのであって，英語が内在的にもっている力によってイギリスの植民地化が効率よくなされたわけではない。もしイギリスの国語が日本語やラテン語だったとしたら，これらの言語が各植民地に根付いていたことだろう。もちろん当時のイギリスには国際政治的な力に加えて産業革命の国，経済の国，知識の国という側面もあり，イギリスへのあこがれが世界中に横溢していたことは間違いない。これらの要因が複合的に英語の株を上昇させていったのである。

こうして英語の世界化の基盤を整えたイギリスの覇権は，20世紀に入り，特に第1次世界大戦後に，たまたま英語を母語とするもう一つの国，アメリカへとリレーされた。偶然にも言語を共有する2大国のあいだで覇権のバトンリレーが行なわれたことは，歴史の不思議な巡り合わせというほかない。アメリカは世界化しつつあった英語の基盤を増強する役割を担うこととなり，政治・経済・軍事・文化・技術など幅広い領域で世界を席巻しつつ20世紀を走り抜けたのである。そして，再び歴史の絶妙なタイミングともいえるが，20世紀は世界の人々が互いに交流しようとする圧力が人類史上最も高まった世紀だった。そのとき世界の最大多数の人々にとって最も手近に用意されていた共通の言語が，ほかならぬ英語だったのである。

では，20世紀に世界の交流の圧力が高まった，その現実的な現われは何であろうか。第1次世界大戦後の1920年に国際問題を解決するために国際連盟が設立された。これが先駆けとなり，

後に近代的な国際同盟や国際機関が続々と誕生することになった。国際連盟では英語とフランス語が公用語として選ばれたが，英語にとってはこの最初の機会が後に自らの影響力を拡大させる基礎となった。国際連盟は第2次世界大戦後の1945年に設立された国際連合に受け継がれ，そのなかで英語は公用語としては多数のうちの一つにすぎないという位置づけではあるが，事実上は最も有効な作業上の言語となっている。現在，ASEAN, EU, NATO, 英連邦など多くの国際機関でも英語が事実上の公用語となっている。アジアや太平洋の国際機関でいえば，実に9割までの機関が英語に依存している。

　序章でも触れたが，メディアや出版の世界でも英語の優位は際立っている。例えば，1977年の時点のやや古い調査ではあるが，世界で影響力のある新聞のトップ5はすべて英語新聞だった。宣伝・広告の分野でも，アメリカ発の宣伝文句は1920年代以降，世界中の看板を埋め尽くすこととなった。ラジオ，テレビ，電信の業界も，その技術や応用はすべて英米発であり，英語の優位を決定づけてきた。映画もしかりで，2002年に封切られた映画全体の8割が英語のものだったという統計がある。ポピュラー音楽，国際旅行，国際交通，教育，コミュニケーションにおいても，英語が第一線を走っていることは周知の通りである。英語は20世紀に一気に高まった人々の国際交流圧に応じられる立場にあったが，英語という共通語があったから国際交流圧が生じたということではない。世界は20世紀の初めにはすでに狭くなりつつあり，国際交流の爆発的な増加は既定路線だったのである。そこにたまたま便利に用意されていたのが英語だったのであり，その英語とて，世界語としては当時はまだ基盤が整ったばかりで，

20世紀の高い国際交流圧に対応するためにはより洗練されなければならなかった。英語は世界語としての役回りを演じさせられることによって、世界語としての地位が徐々に板に付いてきたのである。

以上の論をまとめると、英語は歴史の絶妙なタイミングで、世界語として機能するのに最も適切な地位に、偶然いあわせたのである。これは英語自身が言語的特徴により自力で獲得した地位ではなく、あくまで英語話者たるイギリスとアメリカの覇権のバトンリレーと、世界の交流圧が高まる時代背景のなかで、世界全体によって生み出された地位である。したがって、英語は英語だからという理由で世界語になっているわけではなく、よいタイミングでよい位置につけていたから世界語になっているにすぎない。日本語が同じ立場にあれば、日本語が世界語になっていたはずである。

第3節 英語成功物語？

前節までに本章の表題の誤解を解いてきたが、それに関連する誤解がもう一つある。現代英語の語彙における特質である「世界的な語彙」は英語を世界語にするのに有利に働いたとする議論である。筆者はこの議論にも懐疑的である。第4章第2節で見たように、世界的な語彙とはいっても、借用語の半数はラテン語とフランス語が占めている。したがって、フランス語を始めとするイタリック諸語を母語とする者にとっては、英語はよそ者の言語と

は思えないぐらいに親しみ深いだろう。また，英語は本来のゲルマン的な語彙も相当に多く受け継いでいるので，ゲルマン諸語を母語とする者にとっても親しみ深いのは当然である。現代世界に大きな影響力のあるイタリック諸語とゲルマン諸語の語彙を合わせもつという点で，確かに英語は広範に親しみ深い言語として受け入れられる素地が備わっているようかのように思える。

　しかし，イタリック系とゲルマン系の架け橋としての英語語彙の存在が，英語を世界の共通語として人々に受け入れさせるのに大きな役割を果たしているという議論は受け入れがたい。イタリック系とゲルマン系の両特色を兼ね備えていることは，いずれかの系統の言語を母語とする者にとって有利に働くことはあっても，それ以外の大多数の言語を母語とする者，例えば日本語母語話者にとっては特に有利ではない。むしろ，語彙の階層の使い分けの難しいことがマイナスに働く可能性も高い。英語の混在した語彙の本質は，あくまでイタリック系とゲルマン系の二つをつなぐ架け橋の役割であって，世界全体をつなぐ架け橋の役割ではない。総じて，英語語彙が世界的だから英語が世界化したと論じるのは，説得力がない。

　本章で述べたきたように，英語は過去2世紀ほどのあいだに，その母語話者の政治，経済，軍事，文化，技術的な成功によって世界語に最も近い地位にたどり着いた。その結果として，英語は世界の注目の的となり，その言語的な特徴が様々に研究され，評価されるようになってきた。英語が世界に圧倒的な影響力を及ぼしている現在の視点から見れば，英語の歴史のなかに成功の必然性を読み込みたくなる気持ちは理解できる。英語の文法が単純化して学習しやすくなったこと，英語の語彙が借用によって世界的

になってきた過程，中世のフランス語のくびきから這い上がって地位を確立した経緯，規範文法が民主的な一種の国民投票によって定められた歴史は，英語の庶民性や民主性を称揚し，英語成功物語に味を利かせるスパイスとして捉えられうるが，これは後から取ってつけた議論だろう。

　世界語になれば，そうした特質が広く研究され，喧伝されるのも当然の成り行きである。また，効率的な語学教育法や教材が開発され，広く学習の機会が提供されるため，実際に学習効率が向上するということもあるだろう。英語が習得しやすいという印象なり感覚は，英語という言語の内在的性質に存しているというよりは，人々がそれに触れる機会が多くなり抵抗感がなくなるという点にあるのではないか。そして，触れる機会が多くなり，抵抗感がなくなるのは，まさしく英語が世界語になり，世界中に展開しているからである。

　先に歴史的な経緯で英語が世界語となった。その結果，世界語として習得される基盤や環境が様々な形で徐々に整えられ，世界中の使用者・学習者によって世界語として洗練されてきた，ということではないか。もっとも，英語の言語的特質が，別の理由で世界展開してきた英語を，現在さらに広める役割を果たしているかもしれないという可能性を完全に否定するものではないことを付け加えておく。これは今後の研究課題となるだろう。

第10章
「英語はもはや変化しない」

第1節 英語の役割の変化

　これまで英語が著しい変化を遂げてきた言語であることを見てきた読者は，英語が今後もはや変わらないという幻想を抱くことはないだろう。英語は，そしてすべての言語は，生きて話される限り常に変化してゆく。しかし，歴史を振り返れば変化が起こったことを認識できるが，現在進行中の変化についてはなかなか気づきにくいものであり，変化が止まってしまったかのように錯覚しがちである。これは大変革が起こった時代であっても多かれ少なかれ共通する感覚だったろう。言語変化は一夜で進行するものではなく，徐々に進行し，気づいたら変わっていたというのが普通である。

　人々の意識に上りやすい寿命の短い変化というものはある。典型的なものは流行語である。流行語は数カ月で一気に多くの人々の語彙に定着するが，数年後には忘れ去られていることも少なくない。寿命は短いが華々しいので人々が気づきやすい種類の言語変化だ。語彙の変化に次いで発音の変化も耳につきやすいので，比較的意識に上りやすい。しかし，文法の変化となると，より抽象的で，ゆっくり進行することが多いので，人々の意識に上らないのが普通である。言語変化を経験している話者本人には変化が進行しているようには感じられないが，実際には進行しているというのが，過去，現在，未来を通じての言語変化の常である。

　英語の変化というときに，英語内部で起こっている音声，文法，語彙などの言語変化を問題にするのか，あるいは世界のなか

での英語の役割という社会的な位置づけの変化を問題にするのかという区別がある。前者の変化については本書を通じて具体例を挙げてきたので，最終章の本章では，後者の変化について考えたい。

現代世界における英語の役割について，一見すると相反する二つの潮流が共存していることに注目すべきである。一つは，英語の多様化である。これまでにも見てきたように，英語には数々の変種が存在する。その変種自体が近年爆発的に増えてきており，Englishから"Englishes"へと英語の捉え方そのものが大変化を遂げつつある。世界の人々が自らの流儀で英語を適応させ，独自の変種を生み出すという動きが盛んになってきているのである。はたして英語は今後，多種多様な変種へとちりぢりになってゆくのだろうか。もう一つは，国際コミュニケーションに供する求心的な英語変種が生まれようとしている兆候である。いわば世界をまとめる役割を担う世界共通語としての英語変種の出現であり，今後その行方が注目されてゆくことになる。

本章では，上述の二つの力の作用に焦点を当て，英語の役割が今後どのように推移してゆく可能性があるかを考える。

第2節 英語の多様化

本節では標準英米変種の外側で様々な変種が現われており，英語という言語の枠組みが変化していることを論じる。第9章第2節で述べた通り，英語が世界に拡散していった結果，各地に独自

の変種が現われることになった。第1の離散によりアメリカ，カナダ，オーストラリア，ニュージーランド，南アフリカなどに新たな母語変種の英語が生まれ，第2の離散により西アフリカ，東アフリカ，南アジア，東南アジア，東アジア，太平洋地域に第2言語変種の英語が生じた。こうして世界に離散した英語は20世紀に世界語としての役割を担うようになり，現在では世界各地でリンガフランカとして学ばれるようになるに至っている。それに伴って，ヨーロッパ英語，中国英語など独特なアクセントや語彙をもつ外国語変種の英語が続々と現われている。

　ここでは例としてカリブ地域で話されている英語を取り上げよう。カリブ地域の多くは英語を主要言語としており，第1章第3節で触れた英語の母語話者，第2言語話者，外国語話者の3区分によれば母語話者の地域ということになる。しかし，カリブ地域を指してアメリカやオーストラリアなどと同列に英語母語話者地域とみなす見方は，英語が根付くことになった歴史的経緯を考慮すると違和感がある。実際にカリブ地域には，標準イギリス英語に近い変種と平行して，各地で接触言語として独自の発展を遂げたピジン語 (pidgin) やクレオール語 (creole) という英語変種が話されている。これらの変種を英語として含むのか含まないのか，共存する標準的な英語変種との関係をどのように考えてゆくのかは，現在そして今後の英語の枠組みを論じる上で無視できない問題である。ピジン語やクレオール語の話者をどう数えるかによって，世界の英語話者数は1億人程度も変わってしまうからだ。

　ピジン語とは，共通の言語をもたない人々どうしが，主に交易上のコミュニケーションのために簡略化された間に合わせの言語

のことである。「ピジン」の語源は諸説あるが、*business* という語の崩れた形というのが有力である。ピジン語自体の起源も諸説紛々で、十字軍の時代に用いられていたサビール語という混成語に遡(さかのぼ)るのではないかという単一起源説もあれば、世界各地で独立発生したという多起源説もある。定義上、ピジン語は誰の母語でもない言語だが、ピジン語でしかコミュニケーションを取れない者どうしが子供をもうけると、その子供にとってはピジン語が母語となる。そのような子供が増えて言語共同体が成立すると、単なる間に合わせの言語ではなくれっきとした言語として言語発達を遂げる。この段階に至って、ピジン語はクレオール語と呼ばれることになる。クレオール語は母語話者を擁する点で英語や日本語と同列の一人前の言語であり、ピジン語に比べて語彙や文法が著しく洗練されてゆくのが特徴である。世界には英語を基盤としたピジン語やクレオール語が30ほど存在するが、パプアニューギニアのトークピジン語、カメルーンのカメルーン・ピジン語、ジャマイカのジャマイカ・クレオール語、スリナムのスラナン語などがよく知られている。

　言語的には、英語を基礎としたクレオール語は標準変種の英語とはかなり大きく隔たっており、外国語として学ばなければ理解できないほどである。しかし、多くの場合、英語から完全に独立しているとみなすこともできない。これには理由がある。ジャマイカやスリナムなどクレオール語が広く話される社会では、標準的な英語も並行して話されており、後者が公用語として用いられるなど社会的な地位は高く、前者は民衆の言語として相対的に地位が低い。このような状況では、クレオール語話者は社会の階段を上ろうと徐々に標準英語に近づいた変種を話すようになる。意

識的なクレオール語離れである。標準英語への近づき方の程度は人によってまちまちであるため、クレオール語と標準英語のあいだに無限の中間的な変種の連続体が現われることになる。ガイアナで話されるクレオール語で、標準英語の *I gave him* という文に対応する中間変種の連続体を見てみよう（図10-1参照）。

このような連続体を見ると、どこからが英語でどこからが英語でないか判然としない。両端を比べると異なる言語といって差し支えないほどだが、隣り合う二つを比べると明らかに連続性がある。これは、言語的にどこかで線引きするということができない

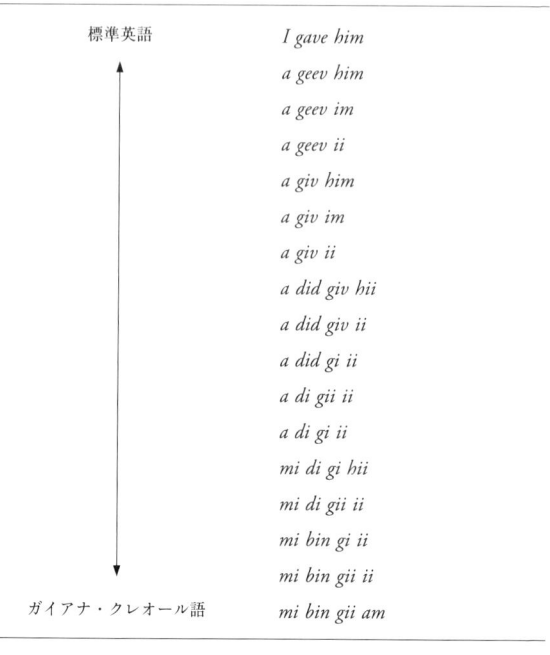

標準英語	*I gave him*
↑	*a geev him*
	a geev im
	a geev ii
	a giv him
	a giv im
	a giv ii
	a did giv hii
	a did giv ii
	a did gi ii
	a di gii ii
	a di gi ii
	mi di gi hii
	mi di gii ii
	mi bin gi ii
↓	*mi bin gii ii*
ガイアナ・クレオール語	*mi bin gii am*

図10-1 ｜ ガイアナ・クレオール語の連続体（Svartvik and Leech, *English: One Tongue, Many Voices* の図をもとに作成）

ということである。あえて線引きするということになれば、それはもはや言語的な問題ではなく、多分に主観的でイデオロギー的な問題にならざるを得ない。

　ガイアナのような社会でクレオール語離れが進んでいる一方で、ロンドンのジャマイカ移民社会で聞かれる英語変種などはむしろクレオール色が再び強まってきており、様相は複雑である。ピジン語 → クレオール語化 → クレオール語離れ → クレオール連続体 → クレオール語への回帰、という流れは、交易上の必要から出発し、後には話者の社会的な上昇志向や独自のアイデンティティと結びつくようになった複雑な言語行動の記録といえるだろう。

第3節　世界標準英語の兆し

　前節で見た通り、現在、ピジン英語、クレオール英語、その他多数の地域ごとの英語変種がそれぞれ独自の発展を続けており、英語の拡散、およびそれに伴う英語という言語の枠組みの変化が進行中である。一見すると、英語はちりぢりに散逸していっているかのようである。一方で、世界の共通語として英語の需要が高まっているのも事実である。それでは、世界の共通語としての英語を考える場合に、数々の変種のひしめく枠組みのなかでどの変種が中心的な役割を担い、その変種はどのような言語変化を経てゆくことになるのだろうか。

　多くの日本人の英語学習者にとって、中心的な変種は標準アメ

リカ英語に違いないと思われるだろう。現代世界で世界語としての英語を最も強く推進しており，政治的・文化的にも影響力の強いアメリカの標準変種こそが，世界標準英語としての役割を果たすのだろうという予想は自明のように思われるかもしれない。おそらくこの予想は大きくは外れないだろう。しかし，標準アメリカ英語がそのまま世界標準英語になるわけではなく，あくまでその基礎となると考えるほうが適切である。標準アメリカ英語を下敷きに，世界中の様々な英語変種が組み合わさって，厳密にいえば誰の母語でもない変種が現われるのではないか。

　標準アメリカ英語がそのままの形で世界標準英語として受け入れられるというよりも，あくまでその下敷きとなるという予想は，すでに国際的に用いられている英語変種に見られる現象と符合する。例えば，従来ヨーロッパでは地理的・文化的な要因でアメリカ英語よりもイギリス英語に親近感を寄せてきたが，近年では英語学習の目標としてアメリカ英語を採用する機会が増えてきている。その一方で，英米変種どちらかに偏るのをよしとせず，アメリカ英語とイギリス英語の中間的な言語特徴を備えた「間大西洋変種」の英語を話す人も増えてきているという。この変種では *car* などに現われる母音後の *r* が標準イギリス英語のように完全に脱落するということはないが，標準アメリカ英語ほどは明確に響かないという中間的な特徴があるという。また，*last* などの母音もアメリカ風の［æ］とイギリス風の［ɑː］のあいだで交代が起こるという。英米変種間の厳格な二者択一は，リンガフランカとしての英語の文脈ではすでに時代遅れの選択になりつつあるのかもしれない。

　同様に，リンガフランカとしての英語の文脈では，英語非母語

話者が世界標準英語の発展に及ぼす影響は小さくないと考えられる。例えば、⟨th⟩の綴り字で表わされる [θ] や [ð] の発音は多くの言語に存在しない比較的珍しい発音であり、非母語話者によってそれぞれ [s] や [t]、[z] や [d] など別の音で代用される傾向がある。実際に航空管制英語では、*three* は正式に *tree* として発音することになっている。そのほか、3単現の -s の脱落、冠詞の脱落、付加疑問として一律に *isn't it ?* を用いる傾向、*want* などに *that* 節をつらねる用法などが国際的な英語使用の場では広く聞かれる。語彙的にも、英米文化に深く根ざした慣用表現はリンガフランカとしての英語では避けられる傾向が出てきている。例えばアメリカ英語では野球に関連した慣用表現が豊富だが、野球文化を知らない世界の多くの国々では（イギリスですら！）通用しないことが多いので、国際会議などでは意識的に避けられる傾向が出てきているという。また、韻律に関して、英語は強弱の強勢が一定の調子で交互に繰り返されるタイプの言語だが、日本語を含め世界の多くの言語は音節が一定の調子でつらなるタイプの言語であり、後者の影響を強く受けた英語の発音が広く聞かれるようになってきている。

　これらの言語特徴は従来は「ネイティブぽくない」「誤用」として指摘され、教室で矯正されてきた発音や語法だが、いまや話し言葉としての英語使用の現場でいちいち指摘することは時代遅れになりつつある。標準アメリカ英語が下敷きとなりつつも、その上に世界中の英語話者が調整と変化を加えてゆく、というような時代がやってきているのである。

　もっとも、英語教育の現場にこのような英語の現実がすぐに反映されるかといえば、おそらくそうはならないだろう。世界中

で，そして日本でも，英語教育における標準英米変種の権威は伝統的に確立されているし，それを学ぶこと自体が時代遅れであると考える理由はどこにもない。要点は，標準英米変種に沿って学ぶこと自体が問題なのではなく，英語が運用されている現場では刻一刻と言語変化が起こっているという事実に対してアンテナを張っておくことが必要だということである。アンテナを張っていさえすれば，必要に応じて学習や教育の目標とすべき変種を変えることは難しくない。意識的にアンテナを張って変化に気づくためには，むしろ変化前の状態，すなわち下敷きとなる変種をよく知っていなければならないのも事実である。逆説的ではあるが，変化が進行しているからこそ，規範をしっかり学んでおく必要があるのではないだろうか。

第4節　遠心力と求心力

　ブリテン島という世界のごく一部で話されていた言語が主に近代以降の離散によって世界中に広がり，ゆく先々で独自の変種を発達させてきた経緯を見た。一方で，特に20世紀から21世紀にかけて，世界共通語への需要が爆発的に高まるにつれて，世界標準英語というリンガフランカとしての変種が生み出される基盤が整ってきている。しかし，英語変種がまず拡散し，その後に収斂つつあるという直線的な捉え方では英語の現状を正しく認識しているとはいえない。世界標準英語という変種の現われる兆しがある一方で，諸変種の拡散も加速化しているからである。

例えば、地域ごとの変種がその独自性を積極的に訴え出しているという現状がある。先に触れたジャマイカ・クレオール語の再クレオール語化もこのような文脈において解釈する必要があるだろう。独自性のアピールは、近年、各地の英語変種の辞書と文法書の出版が相次いでいることに表われている。地域ごとの英語変種独自の辞書や文法書が出版されるということは、その変種が地域のアイデンティティと結びついてきていることを反映している。他の英語変種、特に標準英米変種と異なる点を指摘するという純粋に言語的な関心であれば、なにも大部の辞書や文法書を出版する必要はなく、相違点だけを列挙した対照表を作れば済む話かもしれない。せめて言語学者の関心に応えるために、学術書として出版される程度で済みそうだ。しかし、多くの場合、国内外に国民的英語変種の存在を自覚させ、辞書や文法書が出版されるに値するだけの立派な変種なのだということを知らしめる狙いがある。

伝統的には英米変種が「偉い」とされてきたが、それと相並ぶだけの自立性が自分たちの変種に存在するのだというアピールは、潜在的に強烈な国民意識の発揚につながるだろう。特に英米の旧植民地においては、英語は独立後も長らく旧支配者の言語として、威信と抑圧の象徴の言語として複雑な思いをもって捉えられてきたが、近年はその歴史的価値観から脱却し、いやむしろそれを逆手にとって独自の英語変種を国家的アイデンティティに結びつけようとする動きが頻繁に見られるようになってきている。このような地域にとって、英語は英米から押しつけられたものとしてではなく、自ら育ててゆくべきものとして再解釈されつつある。植民地化と国家独立の歴史を振り返ればわかる通り、英語は

世界中に拡大することに成功したというまさにそのことによって，皮肉なことに，各地で独立した変種の出現を誘発することとなった。現在，多くの国々が自国の独立を享受する一方で，他国との連携を通じて世界に貢献してゆこうという動きが生じている。同様に，英語も独自の変種を発達させることを推進する一方で，リンガフランカとしての世界標準英語を生み出す方向への模索を始めつつある。

独自のアイデンティティを英語に担わせて独特な変種を発達させる力を遠心力と呼ぶのであれば，最大公約数的な世界標準英語へと収斂させてゆく力は求心力と呼べるだろう。では，遠心力と求心力がともに作用している複雑な英語の力学的な場は，今後どのように振る舞ってゆくのだろうか。力学の常識で考えれば，どちらかの力が勝って遅かれ早かれ他を打ち負かすか，あるいは平衡を保つか，あるいはシーソーのように交互に揺れ動くかのいずれかの状態に移行すると予想されるかもしれない。この場合，求心力が勝れば，世界標準英語という一大変種が英語世界を支配し，みながそれを利用してコミュニケーションを取り合うという状況になる。一方，遠心力が勝れば，英語は互いに通じない多数の独自変種へと散逸し，ラテン語がフランス語，スペイン語，イタリア語へ分岐したのと同じように，分裂してゆくという筋書きが予想される。

しかし，遠心力と求心力はおそらく違う平面で作用している。上から見ると二つの力は拮抗し合っているかのように見えるが，横から見ると二つの力が働いている平面には段差があって衝突しないのではないか。一面では遠心的に英語が独自変種へちりぢりになってゆくが，別の一面では求心的に英語が世界英語変種（必

ずしも一つとは限らないが）へ収斂してゆくのではないか。二つの平面に段差があるということは互いに連絡していないということであり，その話者は二つの平面を別々に使いこなすバイリンガルであると解釈される。少なくとも独自の英語変種を発達させている地域の英語話者に関する限り，独自変種と国際変種の両変種を使い分けられるバイリンガルが増えてゆくことが予想される。母語変種の話者も例外ではなく，国内では国家変種の英語を，国外では国際変種の英語を使い分けるという時代が早晩到来するのではないだろうか。

第5節 言語交代

　本章の最後に，英語の未来を考える上で重要と思われる言語交代について触れておきたい。言語交代とは，ある話者（集団）が母語や第2言語をある言語から別の言語へ乗り換えることである。

　カメルーンで緩やかに起こっている言語交代を紹介しよう。カメルーン共和国はアフリカ大陸の様々な特質を一つの国のなかにもち，ミニ・アフリカと呼ばれる。民族や言語の多様性も著しく，言語の多様性指数で世界第7位，国内に実に279もの言語が用いられている。植民地の歴史により英語とフランス語が公用語だが，国民の70％以上が英語を基礎とするピジン語であるカメルーン・ピジン語を話すとされ，これは潜在的には多民族を一つにまとめる役割を果たしうる。

カメルーンにおけるピジン英語の歴史は，およそ1400年にまで遡る。ポルトガルの商船がイングランドの使用人を引き連れてカメルーン海岸を訪れた際に，英語を基礎とするピジン語の種が蒔かれた。15世紀以降にヨーロッパ人がやってくるようになると，交易やキリスト教の布教において初期にはポルトガルやオランダの影響が強かったが，後にイギリスやドイツが取って代わった。1844年にバプテスト宣教師が英語学校を設立してイギリス標準英語が入ってくることになるが，それまではカメルーン・ピジン語が支配的であった。カメルーン・ピジン語はピジン英語とはいっても，長い年月のあいだに周辺のアフリカの言語の影響を大いに受けて独自の発展を遂げており，宣教師は外国語として学ぶ必要があったほどである。1884年，イギリスの影響力が圧倒的だったにもかかわらず，ドイツがカメルーンの領土権を主張した。ドイツによる併合と搾取の時代を経て，カメルーンは第1次世界大戦後にイギリスとフランスの統治時代に移る。イギリスが西側5分の1の地域を，フランスが東側5分の4の地域を支配し，後の国内分裂の原因を作った。第2次世界大戦後，東西統合の大きな問題を部分的に残しつつ1960年にカメルーン共和国として独立を達成した。

　植民地の歴史は複雑だが，それ以前から数世紀ものあいだ非公式に用いられていた交易の言語たるカメルーン・ピジン語が現在でも国民に広く通用するという事実が興味深い。しかし，英語が公用語として採用されるようになるに及び，その反動としてカメルーン・ピジン語の社会的地位が相対的に低くなってきている。広く通用するにもかかわらず社会的な地位が低下してきているというのは，カメルーンのような多言語国での国内コミュニケーシ

ョンの効率を考えれば損失である。しかし，そこには「エリートの英語，庶民のカメルーン・ピジン語」という社会言語学的な2分化が反映されている。

　多言語社会カメルーンの人々は多くが多言語使用者だが，どの言語を母語とするか，どの順序で複数の言語を習得するかについては都市部と地方部でかなりの揺れがある。特に近年は，都市部で現地の言語やカメルーン・ピジン語ではなく標準英語を母語として（第2言語としてではなく）教える親が増えてきているという。日本でも，将来性を見込んで我が子に英語の早期教育を施すという状況は普通に見られるようになってきているが，日本語をさしおいて英語を母語として教えるという例はほとんどないだろう。表10-1は，カメルーンの諸都市で標準英語とカメルーン・ピジン語を母語としている子供の比率の通時的変化を示した表である。20年ほどのあいだに，標準英語を母語とする子供の比率が伸び出してきたのがわかる。

　（両）親の母語が標準英語でないにもかかわらず子供が標準英語を母語として習得するという状況は，カメルーンに限らず世界各地で起こっている。これは新しい母語変種の英語が現われてく

表10-1 ｜ カメルーンにおける母語比率の推移（Jenkins, *World Englishes* の情報より作成）

都市	標準英語（％）		カメルーン・ピジン語（％）	
	1977-78年	1998年頃	1977-78年	1998年頃
Bamenda	1	3.5	22	24
Mamfe	0	1	25	25
Kumba	1	3	19	22
Buea	7	13	26	28
Limbe	4	9	31	30

る可能性を示唆している。もしカメルーンで英語母語話者が徐々に増加するというこの傾向が続けば，理屈上，同国は英語を第2言語とする地域から英語を母語とする地域へと位置づけが変わることになるのかもしれない。

　一方，英語を外国語とする地域から第2言語とする地域へと位置づけが変わりつつ国としては，アラブ首長国連邦，アルゼンチン，エチオピア，オランダ，コスタリカ，スイス，スウェーデン，スーダン，スリナム，ソマリア，デンマーク，ニカラグア，ネパール，ノルウェー，パナマ，ベルギー，ホンジュラス，ミャンマー，レバノンなどがある。これらの国では，専門職や高等教育といった領域を中心に，国内コミュニケーションのために英語が用いられる機会が増えている。北欧人の英語が上手なことはよく知られているが，私がかつてデンマークを訪れたときに，印象的な出来事があった。シェイクスピアの『ハムレット』の舞台となったクロンボー城の観光ツアーに参加したときのことである。10名以上いた参加者のうち私が唯一の外国人であり，残りはみなデンマーク人だった。だが，ツアー開始時にツアーガイドの女性がごく自然に「観光案内は英語でいたします」と発したのである。参加者の1人で中学生ぐらいとおぼしき若者がジェスチャーで英語は苦手だと冗談めかしていたが，その後ツアーは英語で円滑に進行した。英語が国内でも広く受け入れられている証拠だろう。英語が第2言語としての地位を得つつあるデンマークのような国が増えてきていることは，英語の未来を考える上で重要な意味をもつ。

　第1章第3節で導入した英語の母語話者，第2言語話者，外国語話者という分類モデルはあくまで静的だが，カメルーンやデン

マークなどの言語交代の傾向を示している国々の言語事情に照らすと、実際には動的なモデルが必要であることがわかる。この問題意識から、三つの円を部分的に重ね合わせた動的な英語話者モデルが新たに提案されている（図10-2参照；ここでは英語話者を15億人と仮定している）。

　このモデルの要点は二つある。一つは、言語交代の現実が反映されているということだ。外国語話者から第2言語話者への乗り換えのほうが、第2言語話者から母語話者への乗り換えよりも数が多いことが移行線の太さで示唆されている。もう一つは、第2言語話者が今後の英語話者の中核を担う層になってゆくことを暗示している点だ。第2言語話者は、外国語話者からの言語交代による増加を受け、かつもともとインド、パキスタン、バングラデシュ、ナイジェリア、フィリピンなど人口増加率の大きい国を擁しているために、規模と影響力において英語話者全体のなかで中

言語交代

言語交代

3.75億人
第2言語話者

7.50億人
外国語話者

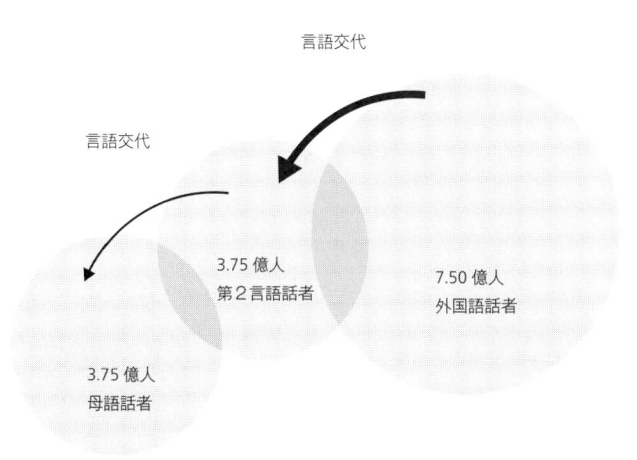

3.75億人
母語話者

図 10-2 ｜ 動的な英語話者モデル（Graddol, *The Future of English?* の図をもとに作成）

心的な役割を果たすことになる可能性が高い。このことは，第2言語話者が三つの円のなかで中央に位置づけられていることにより表わされている。このモデルは，少なくとも21世紀前半の英語話者の潮流を表わすものとして有効だと思われる。

　母語話者数や非母語話者の人口と今後の拡大率だけを検討しても，英語の行く末を正確に予想することは不可能である。アジアや中東といったある地域を覆う他の有力言語の役割の拡大，英語を話す主要国のとる英語戦略など，様々な要因が複雑に絡み合い，半世紀後の世界の言語の状態ですら的確に予想することは困難である。しかし，ある時点から勢いの衰える可能性があるものの，向こう数十年は英語が拡大し続けるだろうことは多くの論者が指摘している。一方で，世界各地では地域をつなぐ英語以外のリンガフランカが英語と並んで発達するだろうとの予測もあり，国際コミュニケーションの現場は英語一辺倒ではなく2言語，3言語が役割を違えて併存する言語的寡頭支配の時代が到来するのかもしれない。

　本章の主題に戻ろう。英語は変化しないどころか，今後も常に変化を続けてゆくだろう。発音，文法，語彙などの言語的な変化はもとより，英語の存在そのもの，英語の枠組みや位置づけが変化してゆくことも間違いない。英語の歴史はここで終わるわけではない。むしろ英語は前人未踏のエキサイティングな時代へ突入したばかりなのである。新しい英語史の開始である。

おわりに

　英語は世界に約7000ある言語の一つにすぎない。言語的には他と同列であり，より優れているわけでも劣っているわけでもない。しかし，社会的に見たときに現代世界で最も重要な言語の一つであることは疑いを容れないだろう。世界中で英語学習熱が高いのは，ほかならぬ社会的に重要な言語だからという理由ゆえである。しかし，昔から同様に重要だったわけではなく，歴史の過程を経て重要になってきたのだという点がしばしば気づかれずにいる。多くの英語に関する誤解は，現代のみの視点で英語を見るときに生じるのであり，歴史的な視座をとれば霧消する。

　歴史の知識に基づいた誤解のない英語観をもつことで，英語の学習意欲が増すことは保証できる。現代英語の不規則な現象が過去からの遺産であること，そしてその歴史的な説明が可能であることは，英語は不可解で理不尽な言語であるとの幻想を打ち砕き，日本語など他の言語と同じ一つの言語にすぎないのだという評価を可能にする。特別な言語ではないという認識は，ことさらに構えずに英語を学習するのに必要な条件である。

　このように英語を客観視しようと努める一方で，歴史を知ってしまうと肩入れしたくなるのが人情である。英語がたどってきた歴史は，波乱に満ちている。数々の言語接触を経て，言語体系を大変化させ，世界語として前人未踏の領域に近づくに及んで，なおも変化を遂げ続けている。かつてイングランドでフランス語が公用語だった時代には，英語は1国の言語としてすら公式に認められていなかったが，それが復権を遂げ，世界の言語へと上り詰めていった。このようなドラマは，英語という言語を称揚するも

のとしてではなく，英語の話し手が社会的に台頭してゆく歴史として捉えるべきではあるが，事実経過を知れば，英語との距離感，英語話者との距離感がぐっと縮まるはずである。今までとは違った観点から英語への愛着が湧いてくるのではないだろうか。

　学習対象である英語の歴史を客観的に眺めることによって，多くの誤解が解きほぐされ，愛着が深まるということは，動機づけが何よりも肝心な語学学習にとって，もっと強調されてよいと筆者は考える。英語史には「史」がつくだけで取っつきにくい分野であるとの印象があるし，ある程度の英語の知識がないとそのおもしろさを味わうことができないが，英語史が英語学習者の知的好奇心を刺激し，学習意欲を湧き立たせ，かつ教養を育てるものであることを確信している。筆者が本書を通じて英語と英語史の魅力の一端を彫り出し，読者に伝えることができたのであれば，大いなる喜びである。

　本書には，筆者の運営する「hellog〜英語史ブログ」(http://user.keio.ac.jp/~rhotta/hellog) からの記事を多く取り込んだ。本書の内容に関心をもった読者は，ぜひブログも合わせてご覧いただきたい。また，本書は英語史の通史という体裁はとっていないので，英語史という領域に興味を抱いた読者には，文献案内に挙げた基本的な通史や参考書の類を読むことで体系的な知識を身につけていただきたい。

　おわりに，本書を執筆するにあたって様々な有益な示唆を与えてくれた筆者の授業の受講生，同分野の研究者諸氏，そしていつもそばで支えてくれる妻と子供たちに感謝したい。

　　　2011年8月

　　　　　　　　　　　　　　　　　　　　　　　　堀　田　隆　一

文献案内

　本書の執筆のために多くの専門書や論文を参照したが，参考文献を詳細に記すことは本書の教養書という位置づけに鑑みて必ずしも適切でないと考え，省略した．代わりに，英語史に関心をもった読者や，すでに学んだことはあるが次に読むべき図書を探している読者のために，英語史の概説書や本書の内容と関わりの深い和書・英書を紹介するにとどめる．

- 家入葉子『ベーシック英語史』ひつじ書房，2007年．
- 宇賀治正朋『英語史』開拓社，2000年．
- 唐澤一友『多民族の国イギリス――4つの切り口から英国史を知る』春風社，2008年．
- 児馬修『ファンダメンタル英語史』ひつじ書房，1996年．
- 寺澤盾『英語の歴史』中央公論新社〈中公新書〉，2008年．
- 中尾俊夫，寺島廸子『図説英語史入門』大修館書店，1988年．
- 橋本功『英語史入門』慶應義塾大学出版会，2005年．
- 堀田隆一『英語の「なぜ？」に答える　はじめての英語史』研究社，2016年．
- 松浪有（編）『英語史』〈英語学コース［1］〉，大修館書店，1986年．
- 松浪有（編）『英語の歴史』〈テイクオフ英語学シリーズ1〉，大修館書店，1995年．
- 渡部昇一『英語の歴史』〈スタンダード英語講座3〉，大修館書店，1983年．
- Aitchison, Jean. *Language Change: Progress or Decay?* 3rd ed. Cambridge: Cambridge University Press, 2001.
- Baugh, Albert C. and Thomas Cable. *A History of the English Language.* 6th ed. London: Routledge, 2013.
- Bradley, Henry. *The Making of English.* 2nd ed. Rev. Simeon Potter. London: Macmillan, 1968.
- Bragg, Melvin. *The Adventure of English: The Biography of a Language.* London: Hodder & Stoughton, 2003.
- Crystal, David. *English as a Global Language.* 2nd ed. Cambridge: Cambridge University Press, 2003.
- Culpeper, Jonathan. *History of English.* 2nd ed. London: Routledge, 2005.

- Fennell, Barbara A. *A History of English: A Sociolinguistic Approach.* Maldon, MA: Blackwell, 2001.
- Graddol, David. *The Future of English? A Guide to Forecasting the Popularity of the English Language in the 21st Century.* London: The British Council, 1999. ［PDF版が http://www.britishcouncil.org/learning-research-futureofenglish.htm から入手可能］
- Jenkins, Jennifer. *World Englishes: A Resource Book for Students.* 2nd ed. London: Routledge, 2009.
- Jespersen, Otto. *Growth and Structure of the English Language.* 10th ed. Oxford: Blackwell, 1982.
- Knowles, Gerry. *A Cultural History of the English Language.* London: Arnold, 1997.
- McCrum, Robert, William Cran, and Robert MacNeil. *The Story of English.* 3rd ed. London: Faber and Faber, 2002.
- Svartvik, Jan and Geoffrey Leech. *English: One Tongue, Many Voices.* Basingstoke: Palgrave Macmillan, 2006.

索引

▶ A－W

- Airspeak ... 3
- BES ... 27
- EFL ... 24
- ELF ... 26
- Englishes ... 140, 173
- ENL ... 24
- ESL ... 24
- knight ... iv, 40, 42, 104, 109
- MES ... 27
- NBES ... 27
- New Englishes ... 161
- Seaspeak ... 3
- SVO ... iv, 91, 94

▶ あーお

- アクセント ... 95, 96, 108, 154
- アフリカーンス語 ... 7, 55, 86
- アメリカ英語 ... iv, 118, 140-155, 164, 177-179
- アメリカ英語化 ... 155
- アメリカ語法 ... 145, 154, 155
- アラビア語 ... 18, 159, 160
- アルファベット ... 102-104, 106, 119, 123
- アングロサクソン ... 36, 53, 67, 69, 70, 72, 73, 103, 135
- イェスペルセン, オットー ... 96
- イタリック語派 ... 64, 95, 98
- 印欧語族 ... 18, 47-49, 52, 53, 55, 60
- インターネット ... 5
- インド ... 3, 7, 9, 14, 16, 18, 24, 29, 47, 49, 50, 164, 187
- ヴァイキング ... 54, 69, 70, 72, 73, 97, 98
- ウェブスター, ノア ... 118, 146
- ウルフィラ ... 53
- 英米差 ... 140, 141, 149, 151-155
- エトルリア文字 ... 103, 104
- エリザベス1世 ... 130
- 押し上げ説 ... 122, 123
- オックスフォード英語辞典 ... 63
- オランダ語 ... 47, 55, 56
- 音声変化 ... 95, 108, 116, 117, 120, 121, 123, 150, 152

▶ かーこ

- カエサル, ユリウス ... 66
- カクストン, ウィリアム ... 114
- カメルーン・ピジン語 ... 163, 175, 183-185
- 冠詞 ... 41, 86-89, 91, 93, 94, 179
- 間大西洋変種 ... 178
- 慣用表現 ... 39, 40, 42, 44, 71, 179
- 記述文法 ... 129, 130, 138
- 規範文法 ... 126, 127, 129, 130, 133-138, 169
- ギリシア語 ... 50, 64, 76-78, 80, 81, 116, 159, 160
- 近代英語 ... 36, 76, 116, 130, 133, 153, 161
- クック, ジェイムズ ... 162
- 屈折語 ... 159
- 屈折語尾 ... 90, 93, 96-99

句動詞 39,71,78,79,145
クレオール語 162,174-177,181
クレオール連続体 177
ケルト語 64-67
ゲルマン語派 52,53,55,70,95-97
言語交代 183,187
古英語 36-38,41-44,53,74,79,85-99,108-112,137
ゴート語 53,54
語形成 41,42
語源綴り 115
語順 iv,89,91-94,97,98,100,137,159
古ノルド語 54,61,62,64,69-71,73,75,79,95,97-99,133,158

▶ さーそ

再建 49,51,52
サンスクリット語 47,50
3層構造 77,78,80,81
3単現 iv,39,89-91,179
シェイクスピア, ウィリアム 131
ジェイムズ1世 143
ジェイムズタウン 131,143,147
自然性 39,41,85
島国 81
借用語 34,39,41,57,60-64,74-76,78,79,111,116,132,145,167
ジョーンズ, ウィリアム 49
ジョンソン, サミュエル 114
スペイン無敵艦隊 130
聖書 37,53
世界語 iv,v,12,158-160,166-169,174,178,189

▶ たーと

大母音推移 117,119-123,152
多様性 8,183
中英語 36,75,78,93,99,110-114,128,161
チョーサー, ジェフリー 114
綴り字発音 34,116,142
電子メール 5
ドイツ語 iii,18,38-41,46,47,54,55,84,85,96-98
トークピジン語 164,175
独立語 160
独立宣言 144

▶ なーの

ナイジェリア 8,9,14,24,187
ナイジェリア・ピジン英語 8
難易度 84,85,100,158,159
ノルマン征服 36,72-74,99,112,113,135

▶ はーほ

バーナード・ショー, ジョージ 105
派生 41,42,79
ハドリアヌスの長城 66
比較言語学 49,51
引き上げ説 122,123
ピジン語 162-164,174,175,177,183,184

ピルグリム・ファーザーズ……144
ヒンディー語……………7,18,47,50
複合…………………………41,42,79
父称………………………………71
フランス語……iv,4,18,35,38-41,47,
　56,58,61,62,64,71-81,86,95,98,99,
　110-115,131,133,158,166,169,183,
　189
フリジア語…………………47,55
ブルターニュ……………………65
ブルトン語………………………65
文法性……39,41,44,85-87,93,94,100,
　158,159
分離不定詞……………………127
ヘンリー8世…………………130
ポリティカル・コレクトネス……34

▶ま－も ─────────
マレー，リンドリー…………136
南アフリカ…………7,55,161-163,174

メイフラワー号………………144
メンケン…………………146,153
黙字………………………110,115,116
文字体系……102,103,106-108,119,123

▶や－よ ─────────
容認発音…………………………30

▶ら－ろ ─────────
ラウス，ロバート……………134
ラテン語……iii,4,35,46,47,50,55-58,
　62,64,66,67,75,76,78,79,86,
　113-116,131-134,159,160,167
リンガフランカ………12,26,28,29,46,
　132,174,178-180,182,188
ルーン文字……………………103
ルネサンス………………115,130,131
ローマ字………67,69,102,103,110
ローリー，ウォルター………131

中央大学「125ライブラリー」 刊行のことば

　1885年に英吉利(イギリス)法律学校として創設された中央大学は2010年に創立125周年を迎えました。これを記念して，中央大学から社会に発信する記念事業の一環として，「125ライブラリー」を刊行することとなりました。
　中央大学の建学の精神は「実地応用の素を養う」という「実学」にあります。「実学」とは，社会のおかしいことは"おかしい"と感じる感性を持ち，そのような社会の課題に対して応える叡智を涵養(かんよう)するということだと理解しております。
　「125ライブラリー」は，こうした建学の精神のもとに，中央大学の教職員や卒業生などが主な書き手となって，広く一般の方々に読んでいただける本を順次刊行していくことを目的としています。
　21世紀の社会では，地球環境の破壊，社会的格差の拡大，平和や人権の問題，異文化の相互理解と推進など，多くの課題がますます複雑なものになっています。こうした課題に応える叡智を養うために「125ライブラリー」が役立つことを願っています。

　　　　　　　　　　　2011年3月　中央大学学長　永井和之

堀田隆一（ほった りゅういち）

慶應義塾大学文学部教授（英米文学専攻）。1975年東京都生まれ。三児の父。

大学時代，一年間休学してバックパッカーとして世界各地を歩き，英語という言語が世界で意外と通じないことに気づく。

帰国後，机上の勉強が恋しくなり，大学院へ進学。英語（特に英語の不可解な振る舞い）を理解し，それを人生の知恵とするためには，英語の歴史の知識が不可欠であると確信するに至る。

人生で初めて英語に触れた瞬間から，日本語にはない英語の名詞の複数形という現象に取り憑かれ，2009年に *The Development of the Nominal Plural Forms in Early Middle English* を出版。同研究は今も進行中である。

125ライブラリー 005

英語史で解きほぐす英語の誤解
納得して英語を学ぶために

2011年10月7日　初版第1刷発行
2014年2月12日　初版第2刷発行
2016年8月31日　初版第3刷発行
2018年8月12日　初版第4刷発行
2024年4月10日　初版第5刷発行

著者	堀田隆一
発行者	松本雄一郎
編集	125ライブラリー出版編集委員会
発行所	中央大学出版部 東京都八王子市東中野742-1　〒192-0393 電話 042-674-2351　FAX 042-674-2354
装幀	松田行正
印刷・製本	藤原印刷株式会社

©Ryuichi Hotta, 2011 Printed in Japan
ISBN978-4-8057-2704-1

本書の無断複写は，著作権上の例外を除き禁じられています。
本書を複写される場合は，その都度当発行所の許諾を得てください。